曾家岩小学的故事 1905 年至今

百年明诚路

主 编 邓红洁 李开云

文稿顾问 李显福

重庆大学出版社

图书在版编目（CIP）数据

百年明诚路：曾家岩小学的故事/邓红洁，李开云主编. --重庆：重庆大学出版社，2021.1

ISBN 978-7-5689-2123-7

Ⅰ.①百… Ⅱ.①邓… ②李… Ⅲ.①曾家岩小学-校史 Ⅳ.①G649.287.19

中国版本图书馆CIP数据核字（2020）第215170号

百年明诚路——曾家岩小学的故事

BAINIAN MINGCHENG LU ZENGJIAYAN XIAOXUE DE GUSHI

主 编 邓红洁 李开云

策划编辑：陈一柳

责任编辑：关德强　　版式设计：原豆设计

责任校对：邹 忌　　责任印制：赵 晟

*

重庆大学出版社出版发行

出版人：饶帮华

社址：重庆市沙坪坝区大学城西路21号

邮编：401331

电话：（023）88617190　88617185（中小学）

传真：（023）88617186　88617166

网址：http://www.cqup.com.cn

邮箱：fxk@cqup.com.cn（营销中心）

全国新华书店经销

重庆升光电力印务有限公司印刷

*

开本：787mm×1092mm　1/16　印张：15.25　字数：256千

2021年1月第1版　　2021年1月第1次印刷

ISBN 978-7-5689-2123-7　定价：69.00元

序 | PREFACE

——以明诚百年故事，述说"明诚化育全人"精彩华章

在美丽山城，嘉陵江畔，著名的曾家岩周公馆 50 号附近，坐落着一所具有百年办学历史与独特办学文化的曾家岩小学。从 1905 年至今，曾家岩小学见证了近现代中国的百年变迁史；从明诚学堂到现代学校，曾家岩小学书写了"启蒙养正　明诚立人"的百年办学史；从步履维艰到阔步前行，曾家岩小学探索了一条改革创新的百年奋进路。

《百年明诚路》作为曾家岩小学发展精髓的凝结，同时作为书写曾家岩小学百年办学史、百年积淀史和百年奋进史的文化汇编，以一种剪影的方式，见证了中国社会岁月沧桑与辉煌巨变的百年变迁，诉说了曾家岩小学春风化雨与铸魂育人的百年故事，谱写了曾家岩小学孜孜求索与积淀创新的百年华章。

方寸世界　历史缩影

1905 年，在那个风雨飘摇的特殊的时代背景下，美国天主教会在重庆曾家岩创办了明诚学堂，随着社会转型，1913 年更名为明诚小学。1931 年，学校又增办初中、高中，直至成为完全中学，是民国时期重庆较有名气的学校之一。1939 年，随着国民政府的内迁，明诚小学成为当时政府人员子女就读的主要校点。1941 年，为躲避日军轰炸，学校暂迁至重庆九龙坡铜罐驿天主堂继续办学。抗战胜利后，学校于 1946 年回迁曾家岩复学。1949 年后，学校更名为"曾家岩小学"，其中部分教职人员迁至海峡对岸的台北市，辗转高雄，于 1963 年在高雄选址再建校舍，以"天主教明诚中学"校名存在至今。早期的明诚学堂是教会学校，它不可避免地映射着特定的宗教目的与政治、经济、文化色彩，但它是不同于中国传统私塾的一种全新的教育类型，它带来了当时西方先进的科学文化知识，一定程度上促进了中国近代教育的发展。曾家岩小学充分发挥了教会学校的积极作用，弱化了其政治、经济、文化渗透。在抗战时期，尤其在中华人民共和国成立及改革开放后，学校都秉承

"启蒙养正　明诚立人"的办学理念，坚持"求真　至善　尚美"的教育目标，在不同时期"真教善导　作圣启蒙"，实现着学生"乐学乐行　自然自在"的健康成长。

曾家岩小学的百年发展历程，浓缩着中国近现代史的沉浮与变迁。它既是近代中国饱受劫难的亲历者，又是中华民族发愤图强、励精图治的见证者；既是中华人民共和国全面建设的参与者，更是开拓创新、锐意进取的建设者。百年办学，筚路蓝缕，数次易名，几经沉浮；启蒙养正，栉风沐雨，薪火相传，春华秋实；明诚立人，岁月如歌，桃李芬芳，精彩华章。它虽然仅有方寸世界，但仍然肩负国家使命，紧跟历史潮流，承载社会责任，始终与时代同呼吸，与国家齐发展，与人民共命运，以"明诚化育全人"，铺就孩子的成长之路。

启蒙养正　育人百年

百年明诚路，生动诠释了延续百年的明诚精神，薪火相传着"启蒙养正"的办学理念，始终追求着"真善美圣"的育人境界。这是一种习惯，是一种传承，是一种文化。它体现出对国家和民族强烈的信念和信心，对人民和孩子深深的热爱和责任，对教育和教学规律的尊重与扬弃。

曾家岩小学的"明诚"精神源自《中庸》："自诚明，谓之性；自明诚，谓之教。诚则明矣，明则诚矣。"若仅就其字面含义，"明"就是要明白道理，"诚"就是做人要真诚。因真诚而自然明白道理，这是天性；由明白道理后做到真诚，这是教化的结果。从教育的角度来看，"明"主要体现对学能、智能、才能的要求，"诚"则主要体现对品德、品质、品格的期待。曾家岩小学的"明诚"精神体现为"启蒙养正　明诚立人"的办学理念。启蒙养正是育人目标，明诚立人是办学追求。启蒙是启养心智、润泽生命，启学问智识之蒙，启自觉自治之蒙，启探索创新之蒙；养正是培养端正的心性、行为，即正德、正心、正气、正行。

百年明诚路，用朴实的语言呈现了化育在曾家岩小学师生身上的明诚精神。在时局动荡的年代，学生伍声珠在"启蒙养正　明诚立人"的理念与环境中快乐学习，感受到了老师们严谨的教学态度与真诚的关爱，也培养了其深沉浓烈的爱国主义精神与自强不息的民族精神。虽因炮火轰炸而痛失亲人，但学校的明诚精神与教师的大爱情怀支撑着她走过无数艰难岁月，也使她终身受益，"堂堂正正做人、规规矩矩做事"是她一辈子的坚守。

教师徐世骐命运多舛，但他忠心爱国、坚定信仰、坚守理想，是曾家岩小学与时代脉搏同频共振的教师代表。抗战时期，他是银行职员，是活跃于抗战剧坛的文艺进步青年，出演《孔雀胆》《风雪夜归人》《天国春秋》《日出》等话剧；中华人民共和国成立前夕，他在商店从事会计职业；中华人民共和国成立后，他是曾家岩小学的教师，独创了"静""听""思""练"四字教育法，取得了突出的教学效果；20世纪60年代初，他被安排到农村去务农，但他并未因身份的变化而中断他的教育理想；70年代末，重返讲台的他用积聚了20年的沉淀教书育人，他深入钻研、刻苦努力，创造了独特的教学方法，展现了突出的教学能力并取得了很好的教学效果。退休后，他仍然发挥余热躬耕于三尺讲台，直至年近古稀才放下教鞭。徐世骐的一生，是对理想信念的坚守，对民族精神的淬炼，对教育理想的追求。他既是个体生命历程的写照，也反映了近现代中国社会的变迁与教育的脉络。

陈显明、黄继先是曾家岩小学的领导代表。她们热爱教育，关爱学生，关心教职工，满腔热情地投入教育事业，用生动的办学行为践行"启蒙养正 明诚立人"，引领着一批又一批的学生成为优秀人才。在20世纪80年代，她们倡导"端正育人"的教师文化，开启"真教善导 作圣启蒙"的教风，塑造良好的校风和学风。

百年明诚路，记载了数位明诚师生的故事，讲述了明诚师者对"启蒙养正"始终如一的追寻与践行，展现了明诚学生在逆境中成长与"学正做人"的细节。或许，这些故事里不仅蕴含着对办学理念的传承，还隐藏着对教育规律的认识与坚守，对学生发展规律的尊重与引导。或许，这些故事只是引子，更需要走近，需要品味……

同根同源 血脉相承

曾家岩小学和台湾明诚中学同出一脉，两所学校同根同源，两岸师生血脉相承。2005年，台湾明诚中学校方代表寻访到曾家岩小学，开启了"寻根"之旅，寻觅明诚精神的源起与根脉。虽然隔着千山万水，隔不了的是血脉相承的手足之情；割不断的是同根同源的明诚精神；尽管尘封多年，封不尽的是心之所向的浓浓思念。近些年来，两岸两校以多种方式实现交流，这既是血脉纽带的自然延续，也是中华儿女的共同诉求。虽然身处两岸，尽管尘封多年，但他们拥有共同的文化基因，秉承共同的明诚精神，这些年来他们以各自的形式实践并不断丰富着明诚精神的内涵与追求。

百年深根　厚积新发

百年明诚路，展现了百年老校的风雨兼程之路，勾勒了明诚办学的春华秋实之程，触碰了尘封已久的百年记忆，展开了曾家岩小学从初生婴儿到蹒跚学步、从步履维艰到阔步前行的历史画卷。

不论是在早期的社会动荡时期（1905—1930年），还是在时代奔流年代（1931—1949年），抑或在岁月激荡阶段（1950—1978年），又或在改革涌进岁月（1979—2007年），更或在激情澎湃进程之中（2008年至今），曾家岩小学始终在探寻"什么样的教育是适合的教育，什么样的老师是好老师"这个问题，并努力将解决方案应用到教育教学之中。

遵循教育规律，积极探索改革。小学是基础教育的奠基阶段，据此，曾家岩小学明确提出"启蒙养正"的育人目标。教师应该"真教善导　作圣启蒙"，唤醒孩子内心的梦想，把孩子潜藏的力量发掘出来。徐世骐老师独创了"静""听""思""练"四字教学法，王琦老师研制了启发式教学模式，陶绍忠校长创立了"学习互助小组"教学法，针对"一门心思只抓学习成绩"而多年推行的发挥学生各项特长的素质教育，基于大班额而推进的小班化教学改革……曾家岩小学始终坚持积极探索，改革创新，一直展望"曾家岩的童年，真善美的起点"的办学愿景，引导学生在"求真　至善　尚美"的校训与"乐学乐行　自然自在"的学风中获得全面发展与个性发展。

依托百年深根，实践示范创新。历经百年的曾家岩小学，虽历经辗转，却始终坚守"启蒙养正　明诚立人"的办学理念。如今，曾家岩小学依托百年积淀，借助教师教育创新示范学校项目继续奋发前进。2014年，重庆市教育委员会发布了《关于认真做好教师教育创新实验区建设工作的通知》，渝中区人民政府和西南大学签署了"共建教师教育创新实验区"协议书，曾家岩小学成为创新示范学校之一。在项目实施总方案的部署下，曾家岩小学积极构建三大系统和八大重点工程，做到全员参与项目、全程紧跟项目、全方位保障项目。结合项目"双适应、双发展"文化理念系统过程，学校系统梳理了校园文化，重构了学校理念文化系统，经过调研反馈与系统培训得到了师生、家长、社区的广泛认可。继而，学校结合自身情况，细化明确了"三课统整、三教并进"的推进路径。按照既定的目标和预设路径，开启了奋进之旅。学校严格按照项目组的总体安排与分步目标，开展了"基于教师专业发展的小学'教学客串'研究与实践"课题研究。通过多轮"客串教研"，采取"同科同课""同科异课""异科异校""同科异国跨文化交流"等不同的教研方式，教师实现了比照性、系统性、综合性的成长，教师"参与度"与"参与态"都明显改变。目前，教学客串已经成为常态化工作，既激发了教师的发展动力，也有效地提升了教师的发展质量。制订了《学校教师队伍中长期发展规划》《教师"蝶变"行动计划》，通过 4 年的项目建设，在校长邓红洁带领的团队努力下，各项学术类成果、实践类成果、人才类成果逐渐显现。市、区级骨干教师呈数十倍增长，占教师人数的 40%，师生获奖人次也数十倍增长，学校的发展已形成策马扬鞭、疾蹄远行的良性态势。

依据区位优势，构建馆校课程。曾家岩小学坐落于重庆文化底蕴深厚的曾家岩地区，地处重庆市政治、文化、教育高地的渝中腹地，紧邻市政府、周公馆、重庆市人民大礼堂、三峡博物馆，具有得天独厚的教育资源，经过多年努力构建了独特的馆校课程。创建曾家岩小学红岩小小志愿解说队，打造"国旗卫士班"，推行每周一次的周公馆馆校课程，每学期一次的书院阅读课程，每学期两次的民主党派陈列馆馆校课程等，为学生发展提供社会实践活动场所。

呵护天籁童声，倾听成长之音。曾家岩小学自建校起就有独特的音乐基因。早在 1905年，唱诗班美妙的歌声就已经在这片热土上回响。在抗战年代，校园上空飘扬的是慷慨激昂的《黄河大合唱》《在太行山上》等歌曲，它鼓舞着身处纷飞炮火中的师生们昂扬爱国豪情、冲出黑暗桎梏。历经风云变幻，曾家岩小学对音乐的重视和对孩子们音乐素养的培育从来没有停步。2018 年 7 月 22 日，曾家岩小学"天使童声合唱团"在新加坡国际合唱比赛中凭借优异的表现在来自全世界 20 多个国家的 60 多个合唱团队中脱颖而出，成为获得国际金奖的四个中国参赛队之一（香港、台湾、杭州、重庆）。

如果说明诚精神曾在无数曾家岩小学师生的言行中体现，那么未来明诚精神可在更多师生的灵魂中流淌。"虽然路途漫长，但那份执着却从未懈怠过。"这是明诚精神的内涵，也是曾家岩小学的追求。

朱德全

2018 年 12 月于西南大学教育学部田家炳书院

开篇
初见明诚

  发源于陕西宝鸡市南郊、川陕公路33千米处的秦岭之巅的嘉陵江，一路溯源、奔流、激荡、涌进、澎湃，在流经1345千米的山川峡谷后，浩浩荡荡，到重庆渝中区走到了尽头，汇入长江，最终奔向浩瀚的大海。

  在渝中区嘉陵江南岸的曾家岩，坐落着一所已有100多年历史的小学校——曾家岩小学。比起千龄的嘉陵江，它只不过是一个新生婴孩；比起它旁边的曾家岩嘉陵江大桥，它又是一个耄耋老者。这些古老的、新生的景象，共同勾勒出这片土地上我们生存的家园。

  上善若水。曾家岩小学的基因里，离不开"水"。1905年，美国天主教会远涉重洋，西渡中国，又沿着长江而上，来到重庆，并选址嘉陵江畔的曾家岩，兴建起一所教会学校，秉承"启蒙养正　明诚立人"的办学理念，取名为"明诚学堂"。从此，这所学校每日听着江上的汽笛，伴着滔滔江水，日复一日，沉淀积累，成为今天的教坛明珠。

  学校门口，是一条长长的石梯，一直蜿蜒至嘉陵江。学校大门，是半圆形的穹顶。由于具体的地理位置、特定的民族文化和独特的历史背景与地方传统紧密相连，近代川东天主教堂建筑突破了原有的欧洲教堂模式，逐步将地方传统建筑形式融入教堂建筑模式中，发展演变为独特的、中西合璧的地方教堂形制。这便是明诚学堂最初的模样。

  每天，明诚学堂都会响起唱诗班的声音。声线稚嫩，清澈而天真，如同金色阳光下圣洁的白鸽在教堂澄净的天空盘旋，纯洁又美好。

  嘉陵江的水位年年有落差，浮上来又沉下去；朝霞撒在水面，晚霞铺于水底；城内，石板路铺向教堂，城外，小木船飘摇至远方……时空交错，浮光掠影，唯有这座学校，带着无数人的梦，沉淀下来，一年又一年……

　　1949 年，中华人民共和国成立后，学校正式更名为"曾家岩小学"。变化的是名字，不变的是初心。如今，在这片占地面积 3 313 平方米的土地上，一群曾家岩小学人继往开来，追寻"求真　至善　尚美"的教育目标，从校园文化的挖掘到课程设置的优化、从课堂教学的效能提高到教研科研方式的创新，形成了学习、实践、研究、提升的良性循环，探索出了一条曾家岩小学的办学路径，促进着学生"乐学乐行　自然自在"的成长发展。

　　学校紧紧依托重庆市委、市政府、周公馆曾家岩 50 号、重庆人民大礼堂、三峡博物馆等得天独厚的资源，走特色发展之路，成为重庆市首批精神文明示范学校、重庆市平安校园、中国教育学会理事单位、重庆市模范职工小家、西南大学—渝中区国家教师教育创新实验区示范学校、少先队全国红旗大队、雏鹰大队、区文明单位、绿色校园、学科基地建设学校，教育教学质量持续高位稳定……

　　悠悠历史，百年文化，孜孜探索，百年树人。如今，学校遵循教育规律，依法治校、依法从教，用实际的行动和执着的追求赢得了社会、家长的广泛赞誉，成为渝中教育前行的主力军。

　　弹指一挥间，百年已去。今天，我们撷取百年历史长河中的点点浪花，汇聚成册，只为重温明诚初心，感恩先贤，承前启后，点亮未来……

撰稿：邓红洁

百年明诚路 目 录 | CONTENTS

第五章　澎 湃

第六章　浪 簇

第一章／溯源

1.

初心不渝

1882 年一个初秋的早晨，嘉陵江和长江上都笼罩着一层迷雾，一艘蒸汽轮船缓缓驶入了重庆朝天门码头。熙熙攘攘的人群中，一个头戴礼帽、手提皮箱的瘦高个儿跟随着人流走下跳板，一脚踏上了重庆的土地。这个人就是日后在重庆大兴办学之风的美国基督教美以美会传教士鹿依士。

时逢鸦片战争之后，中国被迫开放门户，外国传教士因此得以进入中国，西方的科技文化也随之而来。

也就是从这一年开始，鹿依士先后在浮图关、临江门、来龙巷购地、传道，兴办教会学校。他建立这些学校的办学宗旨是：传播基督教，学习新知。鹿依士认为当时中国知识界"务虚文而薄求实事"，倡导通过学习新知来改变这一现象。他将西方先进的教育理念、体制与方法悄悄植入古老的重庆教育中，让彼时的巴渝大地燃起了一股兴学之风。

1893 年，以传播圣母玛利亚的福音，教育青少年为目标的法国天主教圣母昆仲会也加入了这股潮流之中，来华办学，最早在北京、上海等大城市活动。1905 年，川东代牧区邀请该会来渝创办了明诚学堂。圣母昆仲会派出的神父选定了重庆曾家岩的一处地块作为办学之地，新修建了两幢楼房作为教学之用。当时学校的建筑主要按照西式风格修建，精美非常，教学楼总共有两栋，皆为南北朝向。每间教室的窗户都开得大大的，光线极好，配套的课桌椅都是用水曲柳木做的，结实耐用。开学那天，正值初秋，阳光灿烂却不炽热，从校门到教室要经过面积并不太大的运动场，运动场四周种着才移植过来的法国梧桐树，或许是不太适应新的土壤环境，树叶耷拉着不是很有生气。饶是如此，整个校园因为多了一群蹦蹦跳跳的半大孩子，还是显得生机勃勃。

学校命名为明诚学堂，蕴含希望学生明白事理，成为明智之人之寓意。明诚学堂自成立之初，创办者就确定了"启蒙养正　明诚立人"的办学理念。明诚人从那时起就已深知——办学理念是一所学校的灵魂，是学校办学的理想、信念、价值观，是学校成员对学校的发展目标、培养目标、校风、教风、学风、校训等精神类文化要素的提炼、概括与升华，是用来指引学校建设、教育教学与管理活动的最高价值标准，是学校文化的基础和核心。

外国教会在中国办学的兴起，在一定程度上促进了中国教育的发展。1903 年 8 月中旬，《教育世界》杂志发表王国维《论教育之宗旨》一文，该文认为教育的宗旨"在使人为完全之人物"。而何谓"完全之人物"？其标准就是在精神和身体能力等方面皆发达且调和。"完全之人物"在精神方面不可不具备真、善、美三德。由此他主张教育应分为智育、德育、美育、体育四部分。这是中国近代教育史上第一次提出德、智、体、美四育并重的教育宗旨，是对封建传统教育思想的批判与否定，对清末的教育改革和民国的教育都有着重要的影响，开拓了中国近现代教育思想的先河。王国维对知识和教育规律的认识，特别是对实践知识的强调，给当时以书本知识和以陈旧的经史知识为主的中国教育界带来了全新的教育观念，对以后教育目标和发展模式的设计产生了重大的影响。

明诚学堂旧址

明诚学堂抗战期间借地办学

1905年，清政府宣布，自丙午（1906年）科为始，所有乡会试一律停止，各省岁科考试亦即停止。从隋代起实行了1300年之久的科举考试制度就这样终结了。科举制度的废除，消除了新式学堂发展的最大障碍，促进了留学潮流的高涨。一方面促使大批士子涌向学堂，另一方面，也成为部分士子走出国门的内在动力，同时也加速了传统教育观念、人才观念、价值观念的转变。

此后的一段时间，出现了中国近代史上难得的兴办新学的热潮。从1906年到1909年，各级各类新式学堂的数量达5万多所，京师外在校学生超过160万人，其中许多新式学堂都是由传统的书院改造而来。废科举、派留学、兴学堂，三者互为因果、互相促进，构成晚清最后十年教育近代化的三重变奏曲。而明诚学堂作为当时新式学堂的典型代表，正勇立于时代潮头，一路劈波斩浪。

1913年，明诚学堂增办高等国民学堂（如同现在所说的完全小学），修业年限初小设五年，高小设三年，共为八年。1917年增办初中，改名为明诚中学。彼时的明诚学堂分初等（小学）和上等（初中）两种课程。初等课程包括中文、中国历史、算学、地理、绘画、歌唱及圣教道理。与初等相比，上等增加了万国历史（世界史）、代数、量学、形性学（物理课程中的一部分）、化学、生理学、体操等课程。

1931年，明诚中学增办高中，成为完全中学。与初等和上等课程不同的是，中学课程增

明诚学堂抗战期间借地办学

加了形性学、代数、量学、天文、万国地理（世界地理）、教授之法、哲学等课程。因课程形式丰富多样，明诚学堂一经开办就很受欢迎。

随着中华人民共和国的成立，中国的教育体系也随之发生了天翻地覆的变化。明诚学堂历经百年沧桑，见证了这期间中国教育改革的每一步。但经历了一百多年来的风风雨雨，学校办学之初定下的"启蒙养正　明诚立人"的初衷一直没有丝毫动摇。一代又一代的明诚人更加坚定地认为：办学理念应该具有继承性，它是一所学校文化底蕴的积淀。如今几经更名而来的曾家岩小学所秉持和坚守的，与当年明诚学堂诞生时的办学精神恰是一脉相承、延绵不绝。

办学理念的丰富来源于不断的办学实践，今天，曾家岩小学在实践中思考，在继承中发扬，还总结提炼出了"求真　至善　尚美"的校训，"真　善　美"的校风，"乐学乐行　自然自在"的学风，力争办成一所渝知国晓的百年名校。饱经岁月洗礼的明诚精神，在如今全国人民实现中华民族伟大复兴的征途上正日益焕发出新的活力和光芒！

撰稿：李开云

2.

建筑无言

　　泽被万物而不争，这是"水"的特质。一百多年前，当西方传教士带着传播文明的思想，远涉重洋来到重庆，在嘉陵江畔播下办学的种子时，曾家岩小学就肩负着传播科学、塑造品性的重任。在此后的若干年里，无论世事怎么艰难，纵然历经波折，也要顽强地生存下去。

　　所以，在1941年，重庆在日军的狂轰滥炸之下越来越无法安宁的时候，当时的明诚学堂选择了前往相对僻静的重庆九龙坡铜罐驿天主堂继续生存。

明诚学堂抗战期间借地办学

铜罐驿镇地处长江之滨，背靠西彭，与江津隔岸相望，这座千年古镇，曾是重庆三大水驿站（木洞、鱼洞、铜罐驿）之一。铜罐驿天主堂是重庆第二大天主教堂。第二次鸦片战争以后，帝国主义侵略势力沿江而上。1898 年，法国人在铜罐驿镇陡石塔村修建起小经堂、修道院，传经布道，招收信徒，凡加入教会的可以免费入神学院学习和免费就餐。1923 年，由于教徒数量激增，原有房屋显得狭窄，由教会拨款，教徒捐资，新修了天主堂和钟楼。后来一李姓教徒捐义学田产一股，以所收租谷修建了经书学堂。教堂大门左面房屋原是一举人的尚书楼，后捐予教会，办义书修院。在院中读书的为修生，后为修士，达到

明诚学堂抗战期间借地办学

六品即可升为神父。1924 年，滴水村一大户捐献巨款，从法国购回了合金钢制大钟，至今保存完好，其声铿锵动听，据说数十里外皆可闻。这里远离繁华市区和炮火，是孩子们安心读书的好地方。

如果世间真有时光穿梭机，能够回到七十多年前的重庆九龙坡铜罐驿天主堂，我们就能看到这样的场景：

"当、当、当、当……"伴随着一阵洪亮悠扬的钟声从大殿后的钟楼响起，一大群少年欢快地冲到了教堂里那块不甚宽阔的空地上，嬉笑追逐，将战乱和硝烟抛到了脑后。这里，不用像在曾家岩校区那样，每时每刻都提防着敌机来袭，不用时刻提心吊胆。在这里，每天琅琅的读书声、欢快的嬉闹声仿佛在告诉敌人：你们永远别想摧毁我们！

操场虽然谈不上宽大，但并没有丝毫影响孩子们的快乐。学校门口拱形大门上方，矗立着一个高高的十字架；教堂里建有极富法兰西特色的双层回廊，更有神父在楼前种满鲜花和常青树的美丽花园；花园中三株与教堂同龄的老树分外醒目：仙人掌、紫荆树和一株无名

树，它们静静地矗立在教堂里，见证着老师和学生们的每一个白天和黑夜，见证着孩子们的每一步成长；教堂第二道大门上的大理石天使雕塑，眼神澄净宁静，望着远方，像是在呵护着她身边的每一个孩子。

在重庆九龙坡铜罐驿天主堂的办学日子里，明诚学堂开设了中文、法文、英文、拉丁文等多门课程，招收信友的小孩就读。天主堂主体建筑两边的修道院作为学校的教室使用。

一边是隆隆的轰炸，一边是琅琅的读书声；一边是无情地摧毁，一边是顽强地生存。战乱时代的明诚学堂，用顽强的意志、乐观的精神艰难求生。

抗战胜利后，明诚中学于1946年至1947年陆续迁回了曾家岩地区，回到了它出生的地方，而铜罐驿则继续保留为教堂。当满怀胜利喜悦之情的明诚师生们踏上熟悉的街道，一座砖木结构的巴洛克式建筑，正立于曾家岩的小山之巅敞开怀抱热烈地迎接着他们的归来。它目睹了明诚中学师生们的回归，它的诞生更是明诚中学成立以来发展变化的标志之一。明诚中学的前身是创建于1905年的明诚学堂，创办之初只设小学。1913年，增办高等国民学校，修业年限初小设五年，高小设三年，共为八年。1917年，增办初中，改名为明诚中学。1931年，明诚中学增办高中，成为完全中学。此时学校分为小学部、初中部、高中部三个部

明诚学堂抗战期间借地办学

分，是民国时期重庆较有名气的学校之一。也正是在这一年，这栋由德国人修建的新建筑出现在了明诚中学内。它坐北朝南，二楼一底，楼宽 23.3 米，进深 24.7 米，楼高 19.4 米，建筑面积 1 727 平方米，大小厅室 19 间，成为明诚中学当时的办公室和医务室。

这栋历经沧桑的建筑，无疑是中国历史变迁的亲历者和见证者。在明诚中学搬至铜罐驿的这几年，它曾经是国民政府西迁来渝后的最高行政机构——国民政府行政院的办公地点，在指导全国军民统一抗战方面曾发挥过巨大作用。重庆解放后，中共中央西南局办公楼初设于此。而现在，它是中共重庆市委的 8 号办公楼，仍然在为人民服务方面尽心竭力、矢志不渝。

今天，漫步在铜罐驿天主堂那排长长的房屋门外，历经岁月的洗礼，建于 100 多年前的老墙墙体已斑驳脱落，里面的土坯赫然裸露。眼前仿佛浮现了往日孩子们进进出出的身影，耳中仿佛回响起孩子们琅琅的诵读声。此外，那高耸挺拔的经堂，那被当地人称为"霸王鞭"的靠一座假山支撑百年不倒的仙人掌，都让人们不禁想起那个战火纷飞的年代，"愈炸愈强"的重庆精神和矢志不渝的明诚精神，鼓舞着一个又一个莘莘学子。

建筑虽无声，但它作为历史的载体，默默见证着悄然发生的一切，它记录下了岁月车轮滚动的辙痕，同时也见证着明诚人在艰难困苦的环境里仍以苦为乐、孜孜以求的治学过程和乐观情怀。

活着的过程，活着的本身，就是活着的意义。

撰稿：李开云

3.
人生第一课

"长亭外，古道边，芳草碧连天……"少年时代的伍声珠对李叔同的这首《送别》印象深刻。在那些时局动荡的年月，伴随着她成长的，有炮火和轰炸的残酷，也有老师和同学的温暖；有激荡的《黄河大合唱》，也有悠扬的《送别》。

初识不知曲中意，再听已是曲中人。如今已年近九旬的伍声珠老人，每每听到《送别》的旋律，仍然止不住潸然泪下。小时候真好啊，潇洒地说着再见，无论多远的别离都能重逢。经历了人生的苦痛，才明白有些人消失在人海后就再也不见。

伍声珠不记得自己是从哪一天离开曾家岩小学的；不记得是从哪一天开始，她的脚步不再踏入那些曾经再熟悉不过的街头巷尾；也不记得是从哪一天开始长大的。只记得在无数个暗夜里醒来，脑海里闪现的，依旧是母校青葱的草木，是明亮的星辰和柔软的三月风，是母校小花园里带着芬芳的花朵，是草尖上滚动的露珠，是教室里琅琅的读书声。

"问君此去几时还，来时莫徘徊。"历经岁月的磨难，离开重庆到外地定居之后，步入人生暮年的伍声珠老人，只要一有机会回重庆，她一定要去母校看看。因为那是她通向世界的起点，那里有她少年时的足迹和梦想。只是，正如歌词里所唱的"来时莫徘徊"，当她重回母校的时候，已是泪流满面。

70多年后，伍声珠重新回到曾家岩小学的那天，正

伍声珠（左一）

值夏季开学，此情此景，像极了自己当年入学的情景，一样的早晨，一样的炎热。只是时过境迁，当年的校舍早已变了模样，眼前的面孔没有一张熟识的，唯有校园里的那些百年黄桷树依然枝繁叶茂。

她羡慕母校的黄桷树。一百多年来它一直站在母校的领地，看着每一个学子到来，又看着每一个学子离开，看着谁离开了再也没有回来，看着谁再回时的情不自已。它从未离开过母校，母校的每一个晨昏，每一个浮沉，它一直见证着，也见证着伍声珠的小学时光。

伍声珠是幸运的。她家境较好，受过高等教育的父亲毕业于北京大学，他思想进步，与北大的师生们一起参加过五四运动。羸弱的国运使她父亲明白了一个道理：只有思想解放、教育发达、个人进步、国家强大，才能国强民富。也正是在进步思潮的引领下，在那个女孩子很少读书的年代，伍声珠依然能够进入学校，接受文化教育。

伍声珠在江北上了幼儿园，后来因父亲工作调动，一家人从江北搬到渝中区大溪沟，上小学的事情便需要重新考虑了。伍声珠还记得，20世纪三四十年代，大溪沟的重庆发电厂在全市知名度很高，而发电厂旁边的那栋三层楼房，几乎是当时全重庆最好的住房，伍声珠和父母就住在那栋房子里。

那时候渝中区的学校不多，在上清寺大溪沟一带只有曾家岩小学这一所老牌学校，所以深得上过北大的父亲的欣赏。他深深地知道，为人正直、品行端正是成才的基础，而一所具有深厚文化底蕴的学校定能培养自己孩子的性格。

家刚搬到大溪沟，伍声珠的父亲就独自考察过曾家岩小学。他发现这所学校不但校园环境优美，而且风气正，老师威严而不失亲近，其先进的办学理念和教学方式处处显示出这是一所实行新式教育的学校。再加上学校离家近，因此，父亲决定把女儿送到曾家岩小学就读。

然而，曾家岩小学在当时是一所有地位、有品质，自然也是有门槛的学校，不是谁想上就能上的。要想就读，必须通过入学考试这一关。

1937年6月，伍声珠报名参加了曾家岩小学初小的入学考试。入学考试后不到一个月，"七七事变"就爆发了。在战乱时期，伍声珠终于盼来了入学通知。

  岁月荏苒，伍声珠早已忘了父亲是怎样将她一路带到学校的，但她仍清楚地记得，上学的前一天晚上，她因期待上学而久久不能平复自己的心情。这天晚上，家里的保姆按照母亲的吩咐，将一个缝制好的布艺书包送给伍声珠，书包上还有一朵用针线缝制的红色小花。父亲将刚买来的两支毛笔、一方砚台和一叠作业纸交给她，伍声珠兴奋不已。那天晚上，伍声珠小心翼翼地把砚台、作业纸都装进书包放好，又把书包放在自己的枕头旁边，生怕它飞走了似的。

  时至今日，她仍然清楚地记得父亲将她的小手交到老师手里的情景。伍声珠依稀记得学校在一座很高的山后面，山的另一边是当时的国民政府的办事机构。

  第一天去曾家岩小学的时候，父亲拉着她的手走到了学校附近，抬头望去，还得要爬好多层石梯才能走到学校门口。一路上求知欲极强的伍声珠内心都充满着对即将到来的小学生活的渴望。

  正值夏日，渐渐升起的烈日炙烤着整个山城，伍声珠的额头渐渐渗出汗珠。越过最后几级石梯，伍声珠便看到了学校的大门。门口站着一排穿着旗袍的老师，黝黑的发丝都被盘了起来，用不同花色的发簪固定。有的老师戴着耳环，在阳光下熠熠生辉。

  老师们站在门口，在阳光下露出微笑，迎接新生们的到来，被旗袍包裹着的身姿更显婀娜。伍声珠看到这个场景，觉得老师们都好美好美，不由自主地生出几分向往和崇敬之心。

  父亲拉着她走向校门，来到其中一名穿着旗袍的老师面前。伍声珠有些害羞和胆怯，咬着自己的手指，躲在父亲的背后不愿出来。父亲回头看看她，轻轻笑了一声，便对那位老师说道："田老师，这孩子有些怕生，还

民国时期曾家岩小学教师

劳烦您多多费心。"

田老师蹲下身来，嘴角露出笑意，她注视着伍声珠圆圆的眼睛，而后抬手温柔地摸了摸她的小脑袋："伍声珠同学，不要躲在爸爸身后了，要记得，你已经是小学生了，要勇敢一点哟。"伍声珠从来没有见过这样美丽的笑容，她呆呆地点了点头，双脚不自觉地向田老师的方向移动。田老师凑过来亲了亲她的脸颊，拉起她的手说："跟爸爸说再见吧，田老师会替爸爸保护你的。"田老师的声音很甜美，嘴唇也软软的，握着伍声珠的手却十分有力。这让伍声珠感到莫名的安全，于是抬头对父亲说道："爸爸再见。"

父亲本担心女儿会赖着自己不肯离开，没想到老师跟她说两句就要跟自己说再见了。田老师拉着伍声珠的手站起来，对伍声珠的父亲说："您放心吧，我和其他老师会把声珠照顾好的。"

"那就麻烦田老师了。"伍声珠的父亲说罢，看看平时总是黏着自己的女儿，此刻竟是看也不看自己一眼，他放心下来，便转身离开。

"走吧，我带你去找座位坐下。"说罢田老师便拉着伍声珠的手朝教室走去。

"走吧，伍老师，我带您去坐一下。"70多年之后，重新漫步在校园，差不多的话语，让伍声珠老人感叹韶华飞逝，时光催人老。原来，学校的领导得知伍声珠老人回到母校，特地邀请她到办公室去坐坐。

在校长办公室里，伍声珠一眼就看见了那面挂满新旧照片的墙壁。照片让时光定格，伍声珠不由得上前抚摸起来，眼里全是泪花。学校领导说："这些照片来之不易，大轰炸的时候，学校里很多东西都没有了，仅存的这几张老照片是几经辗转才找到，也不知道这上面有没有您认识的老师或同学。"

话音刚落，伍声珠老人激动地指着其中一张泛黄的老照片，颤抖地说："这……这上面的老师都是教过我的老师呀！这位是教国文的周老师，这位是教算术的陈老师，这位是我的启蒙老师田老师……"

在老照片的指引下，伍声珠老人好像坐上了时光机，又回到了纯真美好的少年时代，回到了入学的第一天。

伍声珠还记得，那一天，父亲将她交给田老师后，她握着田老师的手，心里甜滋滋的，不一会儿就来到了自己所在的班级。田老师将她安排在第二排的一个座位上，就算正式入学了。随后轻声嘱咐伍声珠乖乖地在班里等待，便又出去接其他新入学的同学了。

第一次来到学校的伍声珠，觉得眼前的一切都是那么新奇美好。那时全校的男老师人数比女老师多，他们的穿着也都很有时代特色。女老师们穿的大都是旗袍，戴着精巧的手表；男老师们则穿中山装，配上崭亮的皮鞋，整洁新潮时尚，而且和蔼可亲。学生们都很尊敬老师，即使远远地看见老师，都要鞠躬问好。

从那以后，伍声珠每天上学、放学都是一个人，再也不需要父母接送了。她总是早早地来到学校，静静地在自己的座位上温习前一天的功课。

伍声珠出身知识分子家庭，父亲每个月的收入足有近百元大洋，家庭经济情况还算不错，学习用品全部由自己购买，即使曾家岩小学学费不低，但也没有造成太大的家庭负担。曾家岩小学的教学条件在当时来说很好，有两排平房做教室，占地近 30 亩，有操场，有茂密的黄桷树，有园地，还有教师宿舍……教室里有大黑板，墙上开着大窗户，采光好，两个学生坐一张课桌。总之，这是一所实行新式教育的新潮学校，处处透出其卓尔不群的气质。

"人生难得是欢聚，唯有别离多。"岁月风残，我们终将老去。然而对于慈爱善良、历经风霜的伍声珠老人来说，跨越 70 年的时光隧道，归来仍是少年。

1937 年 9 月那个阳光炽热的上午，伍声珠的父亲站在曾家岩小学门口，目送着女儿在老师的带领下，蹦蹦跳跳地走向学校，走向教室，走向新的生活。伍声珠的父亲心潮澎湃，在心里对女儿说："我只能送你到这里了，剩下的路你要自己走，不要回头。"成长是不得已的告别，当孩子奔向新的生活时，身为父亲，除了目送还能做什么呢？

年近九旬的伍声珠至今还记得，上小学的那一天，是父亲亲自送她去学校的，此后都是她独自一人上学、放学。

多年以后她才明白，那一天是她童年与少年的分水岭，那一天是她告别家人的搀扶走向独立的开始，那一天是她人生中最重要的一课。从那以后，人生的每一步都要一个人走。

时至今日，伍声珠依然记得开学第一天人生的第一课。

学生在教室报到完后，老师将散发着油墨芬芳的课本发到每一个孩子手上。伍声珠打开课本，仿佛进入一个崭新的世界。上午十点，校园里传来清脆的手摇铜铃声，同学们有序地朝操场走去。透过校园里高大的黄桷树枝丫望出去，天空一片湛蓝，丝丝白云飘在天空，纯洁得像孩子们一尘不染的心灵。

同学们在操场上列队站好，兴奋的脸上满含期待和欣喜。老师们则站在队伍的后面，一位身材修长、穿着一身藏青色中山装的校长站在青石条砌成的讲台上，身板挺得笔直，用铿锵有力的声调讲道："同学们，从今天开始，你们将步入人生新的阶段。除了今天发给你们的课本之外，你们还要学会一门课，这门课程将永远陪伴你们，那就是堂堂正正做人、规规矩矩做事……启蒙养正，明诚立人，这是我们学校的办学理念……我希望你们读一腹诗书，养一身正气，修身立德，诚行天下……"

有风吹过的夏天，这铿锵有力的话语，像甘露一般滋润着每一个孩子的心田。

此后，伍声珠每天早上8点开始上课，上午四节课，主要是国文，下午三节课，主要是算术。伍声珠最喜欢国文课，在遣词造句、语言表达方面有很强的功底，后来读中学的时候国文还得过第一名。那时候学国文没有拼音，全靠死记硬背把字记住。老师教了生字就开始认词语，然后就开始学习一篇课文。现在三年级的学生才开始学写作文，而那时一年级的学生就要求学写话了。

现在写字时大都使用钢笔，而那时每天都要练习毛笔字。一年级到四年级是初小，学生都用毛笔写字；五年级到六年级是高小，学生开始使用铅笔写字。当时都是练写大楷、小楷两种字体。每个学生自己带砚盒、墨汁、笔和书写本。伍声珠上学那会儿，曾家岩小学的老师对写字的要求非常严格，教孩子们写毛笔字时，老师都会握着每个学生的手去教，每个字都要求写得清清楚楚。哪怕是手的姿势略有不妥，字的笔画没有写规范，老师都会严格、及时地给予纠正。

刚开始练习毛笔字时，伍声珠偶尔会不小心把墨汁溅得满手都是，有时还会把脸上也画上"胡子"。每次田老师都会拿出手帕，沾了清水，温柔地将她的脸和手一一擦洗干净，再握住她的手耐心地、一笔一画地教。

伍声珠右（二）

有一次，伍声珠在练习时，看着自己歪歪扭扭的字迹，又看看其他同学逐渐工整起来的字迹，不由得有些心浮气躁。她想将纸揉了重写，可这一用力，却不小心将墨水瓶给碰倒了，瓶子摔落在白净的地板上，玻璃做的瓶身一下子四分五裂，霎时乌黑的墨汁飞溅而出，玻璃碎渣到处都是。

伍声珠又急又怕，急于收拾残局，想要伸手将地面上破碎的玻璃给拾起来，手还没碰到玻璃，田老师一边喊着"小心！"一边走了过来。田老师弯下腰去，小心翼翼地收拾起地板上的碎玻璃渣。尽管非常小心，但还是被玻璃碎渣扎破了手指。伍声珠吓坏了，她看到田老师被墨汁染黑的右手正缓缓溢出些血迹来。"田……田老师，您没事吧？"伍声珠的声音有些颤抖，定定地盯着田老师受伤的手，睫毛微微抖动，滚烫的泪珠开始不停地从脸颊上滑落。"傻孩子，哭什么？"田老师身体微微前倾，温柔地将她揽入怀中，"放心吧，只是破了点皮，不碍事。瞧你都成大花猫了，走，跟老师去洗洗。"说罢，田老师牵着伍声珠的手去了教师宿舍。费了好长时间，才将两人身上的墨汁洗净。

在回教室的路上，田老师不但没有批评伍声珠，还循循善诱地给她讲写字的道理："要看日出必须守到拂晓。写字这个东西，需要长时间的积累，有些人进步快些，有些人进步慢些，只要坚持，就必有所获。声珠，伟大的作品不是靠力量，而是靠坚持来完成的。"伍声珠含着热泪点了点头。

此后，伍声珠更加勤奋地练习毛笔字，她收起以前的心浮气躁，一笔一画写得极为用心。就算写得不好，她也会想起田老师说的"要看日出必须守到拂晓"，继续坚持下去。正是由于这种坚持，之后的伍声珠写得一手好字。更重要的是，在学写字的过程中，她学会了沉静下来偶尔浮躁的心，能够更加理性地思考问题。

"启蒙养正，明诚立人，读一腹诗书，养一身正气，修身立德，诚行天下。"学校不仅是这样讲的，老师们也是这样做的。

由于田老师的教诲，伍声珠每一科的成绩都不错。当时的算术就是简单的加减法，不使用算盘。伍声珠每次都耐心计算，正确率很高。除了国文、算术，还有体育、音乐、劳作等课程。当时的美术课主要是教画画，学生们用铅笔在图画本上作画；劳作课一般是学做一些剪纸、贴画等。

那时候上课跟现在一样，每节课时长40分钟，课间休息时间也是10分钟，以敲钟为号。学生在课间休息时，老师们还得趁课间10分钟批改学生作业，或者准备下一节课的内容。学生的家庭作业不多，伍声珠一会儿就做完了，但每日父亲都要认真地检查她的作业。

曾家岩小学全校有两三百人，伍声珠所在的班级有三十多个同学，男生女生都在一起上课。虽然学生人数较多，但老师对每个学生都十分喜爱，在课余时间也时常带着学生们一起玩耍。那时候的级任老师相当于现在的班主任，每个班都有一个级任老师，负责管理班级的全部学生。学生们很听话，老师说什么就做什么。上学时，该玩则玩，该学则学；放了学，学生就自己乖乖回家了。总体而言，曾家岩小学与附近其他学校相比，更加新式，更加有朝气，更加有活力。

曾家岩小学所在的上清寺一带有着深厚的文化土壤，特别是年幼的学生从上学第一天起，就受到感染和滋养。学校是唯一一所在当时的国民政府旁边的小学，所以学生们也时常能看到、感受到一些名流以及他们参与的社会活动，并深深地植入心田。让伍声珠印象深刻的一次，是她见到宋美龄、宋庆龄、宋霭龄这"宋家三姊妹"的时候。宋家三姊妹在政府办完事从政府大门出来时，刚好学校放学，为了宋家三姐妹的安全考虑，学校让全体学生在校内等候，学校附近也全部戒严，大家探着小小的脑袋瓜，都好奇地向外张望。宋家三姊妹出来的时候，伍声珠也踮起脚向外望去。三个容貌姣好的女子从校门口匆匆走过，身着旗袍，虽步履匆忙，但一颦一笑都十分动人。"我长大以后一定也要买旗袍来穿。"小小年纪的伍声珠想。

在此后的人生岁月里，伍声珠的父母先后病逝，她成了无家可归的孤儿。在动乱年代，伍声珠命运坎坷，但即使在人生最为艰难的岁月里，她依然记得1937年的那个夏天，在曾家岩小学的入学仪式上，校长的谆谆教诲。

提起自己充满波折的一生，伍声珠总说她问心无愧，无论处于何种境遇之中，她一直正正派派做人。"我的父亲把我送到曾家岩小学这个学校送对了。"明诚立人；堂堂正正做人，规规矩矩做事。这便是伍声珠从曾家岩小学那里学到的人生第一课。

撰稿：邓红洁

4.

她配得上那个时代

"风在吼！马在叫！黄河在咆哮！黄河在咆哮！河西山冈万丈高，河东河北高粱熟了。万山丛中抗日英雄真不少！青纱帐里游击健儿逞英豪！端起了土枪洋枪，挥动着大刀长矛，保卫家乡！保卫黄河！保卫华北！保卫全中国！"

一曲《保卫黄河》唱罢，年近九旬的伍声珠老人忍不住潸然泪下。吐字清晰，旋律铿锵，激情满怀，她好像又回到了那段炮火纷飞，又斗志昂扬激情满怀的岁月里，她坐在沙发上，久久沉默不语。

音乐是时光里的山南水北，是殊途同归的湖海山川，是年复一年藏在枕下的春秋大梦。音乐也是一座浮桥，可以带你通向往昔的时光。

在那些民族命运堪忧、民不聊生的战乱年代，曾家岩小学的音乐老师通过一首首歌曲，温暖着孩子们幼小而孤寂的心灵，给孩子们以鼓舞和力量。哪怕隔着时光的洪流，伍声珠老人依然能够通过这刻入骨髓的节拍和音调，步入那段生命中难以忘怀的岁月。

当时的曾家岩小学只有一位音乐老师、一台风琴。音乐老师穿着朴素而典雅，淡蓝的旗袍上衬着一朵白色的小花，黑色的平底皮鞋，垂在后背的乌黑辫子，白净的皮肤，尤其是当她那一双纤纤手指

伍声珠

在风琴的琴键上自由跳跃的时候，伍声珠不由得在心里感叹：真美啊！

轮到哪个班上音乐课，四名男同学就会在课间休息的时候，从别的班将风琴抬到本班的讲台上放好。这时候，负责值日的同学就会拿出一张干净的毛巾，将风琴从上到下细细地擦拭一遍，直至一尘不染。同学们都围着风琴，目不转睛地看着，好奇地想要知道这风琴是怎么发出声音的？在那个广播都很稀少，更没有电视机的年代，风琴就是同学们眼里的稀罕之物。

终于，上课铃响了起来，不知谁喊了一声"老师来啦——"，同学们立即回到座位上，坐直了身板，脸上带着期待和欣喜的神情。音乐老师迈着轻快的步伐走上讲台，刚才还闹哄哄的教室顿时鸦雀无声。老师在风琴后坐下，打开风琴，端正了身子，调了调音。此时，孩子们的世界里，便只剩下了音乐，再无其他。

在无数个炎热而寂静的午后，天上云卷云舒，地上的黄桷树展开的枝叶遮挡着阳光，合唱的童音却整齐地从窗户里飞了出来，让整个世界为之肃穆，为之动容："风在吼！马在叫！黄河在咆哮！黄河在咆哮！河西山冈万丈高，河东河北高粱熟了。万山丛中抗日英雄真不少！青纱帐里游击健儿逞英豪！端起了土枪洋枪，挥动着大刀长矛，保卫家乡！保卫黄河！保卫华北！保卫全中国！"

不但在学校唱，回到家吃完饭后，伍声珠还要和邻居的小伙伴们站在街边一起唱。无数个夕阳西下的黄昏，伍声珠都是这样度过的。直到天完全黑尽，家家户户都亮起了灯火，孩子们才在大人们的呼唤声中，恋恋不舍地各回各家。即便回到家躺在床上，伍声珠还忍不住轻轻地哼唱几句后才肯沉沉睡去。

邓红洁校长拜访伍声珠老人

那是一个全民抗战的年代，是一个民族危难之际炎黄子孙不屈不挠、热血沸腾的年代。除了《保卫黄河》，还有《在太行山上》等众多抗战歌曲在广泛传唱。

> 红日照遍了东方，
> 自由之神在纵情歌唱！
> 看吧！
> 千山万壑，铜壁铁墙，
> 抗日的烽火，燃烧在太行山上，
> 气焰千万丈，
> 听吧！
> 母亲叫儿打东洋，妻子送郎上战场，
> 我们在太行山上，我们在太行山上，
> 山高林又密，兵强马又壮，
> 敌人从哪里进攻，我们就要它在哪里灭亡，
> 敌人从哪里进攻，我们就要它在哪里灭亡。

这些充满了抗日军民革命激情的旋律，荡漾着庄严肃穆和博大浪漫主义的民族之魂，使每一个中国人都肃然激发出爱国主义的豪情壮志。这些歌声一直飘荡在伍声珠的记忆里。光阴流转，轮回的是故人，不变的是人心。时光掌控命运，音乐掌控灵魂。即使在人生的晚年，伍声珠依然能够准确地跟着节拍，气势如虹地，声声歌唱。

曾家岩小学另外一位毕业生赖新龙回忆，学校还有一支合唱队，唱得好的同学可以参加当时少年活动社的合唱团。赖新龙还记得当时在观看学校合唱队表演的情景：那是一个初夏的午后，学校组织学生们到操场上去看合唱队表演。当时主席台上十几个和赖新龙差不多大的学生，身穿统一的童子军式的学生制服，腰板笔挺地站在那里。当时表演的歌曲，赖新龙还记得十分清楚，就是《黄河大合唱》。初夏午后明媚的天气，助推着台上合唱队的激情，

把在场所有人的热情也一并点燃。大家随着合唱队唱了起来，先是一两个学生，后来是一大片，最后在场的所有人都加入了歌唱的行列。

看到这一场景的赖新龙，心脏突然急剧地跳动起来，当时还年少的他有些不明就里。如今的他知道了，这就是音乐的感染力和时代洪流所带来的震撼力。那隐藏在歌曲里的激情燃烧的岁月，那战火纷飞的革命年代，如此地气势磅礴，如此地催人奋进。那是时代的烙印，那更是一代中国人的集体记忆。

曾家岩小学始终与国家和时代同呼吸、共命运，这是一所具有强烈爱国精神的学校，是一所走在时代前沿的学校。在此后的人生岁月里，伍声珠老人不止一次地告诉自己：人生，就该像《黄河大合唱》中唱到的那样激情澎湃一回，为生命增添上浓重的光彩。

匆匆岁月，只要音乐之心永不泯灭，人生就会走过那些黑暗。

"她配得上那个时代。"这是伍声珠老人对母校曾家岩小学的评价。

撰稿：邓红洁

5.
愈炸愈强

"鬼哭狼嚎，地动山摇。"伍声珠老人回忆起被日军轰炸的日子，依然心有余悸。70多年过去了，但她永远不能忘记那急促的警报声、老师的呼喊声、敌机的呼啸声、炸弹的爆炸声、房屋的倒塌声；忘不了学校和老师给予的温暖和关爱，忘不了学校施行的生命安全教育。

为预防空袭，重庆的防空部队在许多高地搭起了架子，悬挂灯笼发出预警。灯笼有红色、绿色、黑色3种。预袭警报拉响时，挂出一个红灯笼；空袭警报拉响时，挂出两个红灯笼；紧急警报拉响时，挂出3个红灯笼；警报解除时，挂出绿灯笼；遇到敌人投放毒气弹时，则挂出黑灯笼。

枇杷山是当时市中区的一个制高点，那上面的防空警报一拉响，桅杆上挂出了红色灯笼，就是在告诉大家敌机快要到了，这时候，无论是正在上课的老师，还是在操场上运动的学生，就会立即停下手里的事情，朝防空洞跑去。

在日军对重庆进行轰炸期间，当时的政府为了保障师生生命安全，耗费了很大一笔资金在校园内修建了一个防空洞。这个防空洞同时也与政府办公大楼相通，在洞内能实现孩子与父母第一时间的团聚。师生们在战乱年代一

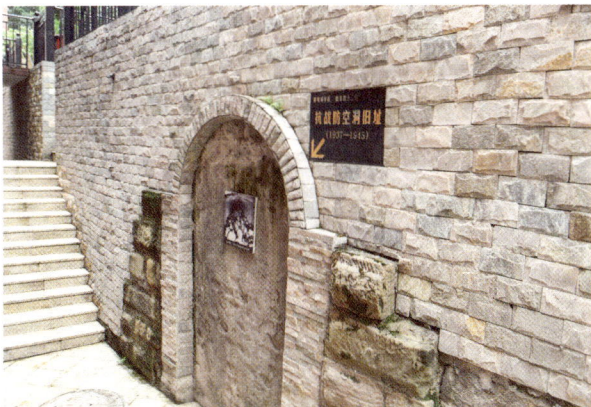

抗战防空洞

边学习一边躲避日军轰炸的情景，张玉彬（当时曾家岩小学一年级学生）到现在还记忆犹新。当时重庆每个区都有防空警报，学校里也有，当警报声响成一片的时候，震耳欲聋，全城的人都能听到。炸弹落下来的时候，如果落点较远，就会听到炸雷一般的轰鸣声。如果落点较近，除了爆炸声之外，还能感觉到整个大地都在颤抖。

有时候刚上课，警报就响了起来。那声音低沉而响亮，每一声都像是憋着气的呜咽，就像死神的催命符，重重捶打在学生们幼小的心灵上，也捶打出老师以生命来守护学生的决心。张玉彬至今还记得，每当警报声一响，班上的老师就会迅速指引学生先行撤离，在撤离途中他们用身体死死护住学生们娇小的身躯，保护着学生们一个一个地朝防空洞前进。因为年纪尚小，有的学生只要听到警报一响就吓得要命，只晓得坐在地上哭，这时老师就会毫不犹豫地折回来一把抱起哭泣的学生往防空洞跑。

有一次，张玉彬由于身体原因，在撤离的过程中不慎摔倒。旁边的同学见状马上停下脚步来搀扶她，小孩子没什么力气，几人合力来拉，张玉彬才摇摇晃晃地勉强站起。教张玉彬算术的黄老师见状，赶紧跑过来，在她面前蹲下说："快到我背上来！"

此时四周开始传来连绵不绝的轰炸声，张玉彬不敢犹豫，趴在了黄老师背上。

正当黄老师抓紧张玉彬瘦小的双腿准备站起来时，一阵猛烈的爆炸声从不远处传来。张玉彬害怕极了，身体剧烈地颤抖起来。意识到她的害怕，黄老师抓住她的手越发收紧了，微微侧头嘱咐道："你放心，我们会安全的，相信黄老师。"

黄老师的声音很清晰，也很坚定，穿透了周围大大小小的炮火声、喊话声、叫声、哭声，清清楚楚地传到张玉彬耳朵里。

在这一刻，四周似乎骤然静谧下来。黄老师站起来，背着张玉彬快速而平稳地向前奔跑。张玉彬不敢抬头，紧闭双眼，把脸颊紧紧贴在黄老师的背上，有时甚至能听到黄老师有力的心跳声，那一刻她感到了从未有过的安全感。渐渐地，嘈杂的声音越来越小，当她睁开眼睛一看，已经到达了学校的防空洞里。

黄老师小心地将她放到地面，叮嘱她不要随意走动，张玉彬还没来得及道谢，黄老师就又朝着防空洞外跑去了，只留下一个迅速被浓烟遮掩、不算清晰的背影。张玉彬张开的嘴没

张玉彬

来得及说一个字就又闭上了，她知道，黄老师又出去救助其他同学了。

还有一次，爆炸袭来之前，同学们开始在老师的组织下有序撤进防空洞。一个老师刚刚跑进防空洞，突然不知谁喊了一声："黄小玉呢？黄小玉没进来……"老师一听，急忙冲出防空洞，朝教室跑去，边跑边喊："黄小玉——黄小玉——"

飞机的轰鸣声越来越清晰，越来越沉重。老师跑进教室，没人，又跑向厕所，在厕所的一角找到了黄小玉。原来，警报响起之前，黄小玉刚好请假上厕所，当警报响起时，黄小玉吓得瑟瑟发抖，待在厕所里不敢出来。看着老师和同学们都跑向防空洞了，她却不敢迈动一步。正在不知所措的危急关头，老师冲进厕所，将她一把抱起朝防空洞跑去。

飞机好像擦着校园里那棵高大的黄桷树的树梢飞了过来，继而带着尖利的呼啸声，一颗炮弹瞬间落下。刹那间，地动山摇，老师在最后一刻将黄小玉抱进了防空洞里……

防空洞虽不大，但深度还够，刚好能容纳学校的老师和学生。为了安全，学生们不敢待在洞口，都会在老师的指挥下有序地往防空洞深处躲。高年级的同学将低年级的同学护在身后，巨大的轰炸声来临时就紧紧捂住他们的耳朵，给他们安慰和鼓励。一直等到全体师生都安全抵达防空洞，大家才略微放松下来。老师们有经验地站在洞口两边，中间留出一大行通风道，好让洞外的空气不被阻隔，学生个小人矮，即使在洞里也不会觉得太闷。

警报解除后，确认安全了，老师们又带着学生回到教室上课。从警报拉响那一刻到最后回到教室，张玉彬从没见过任何一位老师脸上露出过慌张的神色，反而都十分镇定。这种状态无疑也促使了一直对老师无比信任的学生们渐渐放下了恐惧。回到教室后没多久，大家就继续沉浸在知识的海洋里，争分夺秒地汲取那弥足珍贵的知识养分。

那次的轰炸离曾家岩小学非常近，放学后老师要负责护送学生们离开。那天，张玉彬随着班主任李澄波老师带领的学生队伍，一同离开了学校。回家的路上已经没有了往日的清爽，几乎见不到完整的树木，四处飞扬着灰尘，气味也十分刺鼻。建筑有些倒塌了，有些摇摇欲坠，如同垂死的生命发出阵阵无力的呻吟，仿佛在下一秒便会轰然陨落。四处都有人在寻找着因轰炸而失散的亲人，脸上带着急切和恐惧，眼里噙满了泪水。见此情景，学生们都低低地抽泣起来，张玉彬也没忍住，只得用满是黑灰的袖口胡乱抹着眼泪。

她回到家时，天已黑尽，大街小巷没有人走动，没有灯光，也没有喧闹声，十分寂静，似乎是一座空城。大人们在漆黑的房间里来回走动，幼小的张玉彬有一些害怕，嘴里说着"妈妈，点灯"。母亲摸着她的脸轻轻地回答道："孩子别怕，睡吧。"后来，长大一些的张玉彬才明白，为了减少伤亡和损失，大家自觉做到白天煮饭烟囱不冒烟，晚上不点灯，以避免暴露轰炸目标。

在那些令人恐惧的岁月里，老师的话语给了孩子们以抚慰。"伏波惟愿裹尸还，定远何须生入关！鲁迅先生说过，'死亡的生命已经朽腐，我对于这朽腐有大欢喜，因为我借此知道它还非空虚'。同学们，死亡并不可怕，可怕的是死亡不擅于被铭记。"每当感到恐惧的时候，老师的声音总会骤然在孩子们的脑海中响起，字字铿锵，如同惊雷一般砸在孩子们心里，使他们鼓起勇气，继续学习。

就这样，在日军长达五年的漫长轰炸过程中，曾家岩小学的教学工作坚持进行着，无论老师还是学生，内心都始终坚定，学校也从没因为轰炸而停过课。

时光如白驹过隙，几十年弹指间溜走。如今万丈高楼平地起，当初那残败的景象早已消失在历史的记忆中。伍声珠现在不再为吃不饱而发愁，也不再为随时会到来的轰炸而感到恐惧。每每回顾那时的场景，她却还是时常感叹如今的和平可贵。她庆幸自己幸运地活了下来，更庆幸在那样一种恶劣环境之中还能在学习中找到快乐。

正如当时重庆这座英雄的城市里随处可见的"愈炸愈强"的标语，敌人的轰炸可以威胁甚至摧毁我们的身体，却无法打垮我们的精神和意志。深重的苦难下，曾家岩小学的老师们仍然冷静果敢，和学生们同舟共济，在隆隆的爆炸声中书写了一幅乐观、积极的学习画卷。

撰稿人：邓红洁

6.
摆渡人

　　20 世纪 30 年代，张玉彬出生在一个书香世家。父亲教过书，外公是晚清进士，张玉彬在 5 岁左右就经常跟随母亲去私塾陪读。在她的记忆里，书香阵阵，墨香扑鼻，从小耳濡目染，使她养成了文静恬淡的气质。

　　在宜宾念了一段时间的私塾后，张玉彬随着父母来到了重庆，在一所不收费的小学——江北簸箕石的保国民办学校读了四年。张玉彬的父亲是私塾老师，对各个学校的情况比较了解。当时曾家岩小学的生源特别好，每年都要招生，教学质量又高，再加上江北当时没有高小，张玉彬的父亲希望能给张玉彬更好的受教育机会，于是让她报考了曾家岩小学。

　　1936 年 6 月的一天，张玉彬正在家焦急地等待着考试的结果。天气闷热，令她更感惴惴不安。吃过午饭后，父亲从外面带回了好消息：她已经被曾家岩小学录取了！张玉彬激动得一下子站了起来，顿时觉得炎热消退，欢快得像只小鹿。张玉彬成功考入曾家岩小学，对全家来说都是件值得高兴的大事儿。那一天，父亲带着她去买了新的书包和其他学习用品，母亲也做了好几个菜来庆祝。

　　熬过了漫长的暑假，张玉彬终于等到了开学的日子。到了入学的那天，张玉彬将自己的新书包擦了又擦，学习用品也整理了一遍又一遍，早早地就出了门。大概早上七点，张玉彬就来到了嘉陵江边，坐上有白帆的小木船渡江。

　　江两岸的树木郁郁葱葱，慢慢向后推移着，伴随着飞溅的水花，小船终于乘风破浪来到了曾家岩下边的渡口。张玉彬下了船，向渡船师傅鞠躬道了谢。两鬓斑白的老人冲张玉彬摆摆手，算是回应，就又驾船向雾里隐去。当时坐这船是不要钱的，叫义渡，小船每天也就这样在大雾弥漫的江面上摇来摇去。

　　离开渡口后，张玉彬便步履不停地开始爬山，爬完山紧接着还有一段长长的石梯，一直连到曾家岩小学门口。上学的路途着实有些漫长。石梯两边有一些小吃的摊点，有卖冰糖葫芦的，有卖甜糕的，有卖枣泥的，临出门前母亲往她兜里揣了两毛钱，可她现在却没心思花了，放在往常，这可都是张玉彬爱吃的。眼瞧着离学校越来越近，她心里有些紧张，但更多的是兴奋。她想象过无数个未知的画面，憧憬着她高小的新生活，脚步不自觉地越来越轻、越来越快，不知不觉中已经来到了校门口。

　　迎接张玉彬的是一位30多岁的男老师，高高瘦瘦，戴着金丝眼镜，穿着米色衬衫、黑色长裤，衬衫领子扣得十分严谨。他冲张玉彬笑了笑，便招手让张玉彬过去。张玉彬慌慌张张地跑过去，没想到一紧张，脚下一滑，差点把脚崴了。老师赶紧走过去扶着她，急切地问她有没有受伤，张玉彬的脸顿时红得像猴屁股一样，只知道摇头。"没事就好，以后可得当

邓红洁校长拜访张玉彬老人（前排左一）

心点。"老师轻声安抚道。

张玉彬点点头，怯生生地喊了一声"老师好"。

"你好，新同学！"老师微笑着，连手指也带着暖意。张玉彬望着老师的笑容，只觉得浑身暖洋洋的。到教室后她才知道，这位老师名叫李澄波，正是自己的班主任，教国文。

张玉彬来到曾家岩高小的第一堂课，便是由李澄波老师讲授的国文课。李老师讲课讲得非常好，字也写得漂亮，朗读课文时声音低沉有力极富磁性。张玉彬的脑海中始终记得李老师在黑板上书写"圣与贤，可驯致"的模样：阳光映在他的袖口，尘埃在空气中四处飘散，半黄半绿的树叶从窗户的缝隙中溜进来，在空中盘旋几圈，继而落在地上。那一刻张玉彬感到有些恍惚，只觉得眼前似有微风拂过。她将这句话小心翼翼地在本子上记下，不断用手指抚触着，眼眶竟不受控制地微微泛红了。

张玉彬渴求着学习，家里经济哪怕再窘迫，父母也会花掉大部分积蓄供她读书。能到曾家岩小学读书，能遇到这样温暖、博学的老师，满足了她当时最大的愿望。

张玉彬的国文不太好，最怕写作文。每次写作文的时候，她都不知道如何下笔。有一次，国文老师李澄波把她引到学校的花园，让她仔细观察不同花朵的颜色、外貌、形状、香味，张玉彬将这些要点一一记录在本子上，然后根据老师的提示，写了一篇作文《美丽的校园》。这篇作文写好后，李澄波又提了一些修改意见，让她一遍一遍地修改，最后终于成为

邓红洁校长拜访张玉彬老人

一篇优秀的作文。李澄波还将这篇经过修改的作文作为样本，在课堂上念给同学们听。从那以后，张玉彬对国文产生了浓厚的兴趣，老师的鼓励给了她无穷的力量，她也因此喜欢上了国文。

当然，不只是李澄波老师一人，学校的所有老师对每个学生都是那么亲和友善，不论学生成绩好坏，也不论学生家境贫富。身边的同学们也都十分友好，无论是高年级的，还是低年级的，彼此都礼貌相待。到了放学的时候，老师们会挨个和学生握手告别，轮到张玉彬的时候，尽管她还有些害羞，但也装作大人的样子郑重其事地握了上去。

放学后，张玉彬顺着学校门口的石梯下到嘉陵江边，坐上了义渡船回江北。还是那位白发苍苍的老人，还是那艘破破旧旧、带着白帆的小木船，不同的是江面风平浪静没了雾气，被夕阳映衬得格外漂亮。张玉彬心里更是欢喜，她回想着在学校里发生的一切，用胳膊支着摇摇晃晃的脑袋，迎着江面上微微吹拂的清风，眉眼弯弯地笑了起来，她从未想过连回忆都可以这样有趣！尽管那时每天这样往返非常辛苦，但张玉彬沉浸在老师们教授的知识海洋里，始终乐此不疲。

多年以后，张玉彬依然会想起嘉陵江边的那位摆渡人，将一船又一船的学生送到对岸，年复一年，从不停歇。

撰稿人：邓红洁、李开云

7.
军体课，抗战有我

"某某誓遵奉总理遗教，确守中国童子军之规律，终身奉行下列三事：第一，励行忠孝仁爱信义和平之教训，为中华民国忠诚之国民。第二，随时随地扶助他人，服务公众。第三，力求自己智识、道德、体格之健全。"这是抗战时期中国童子军对着孙中山先生的画像进行宣誓时的誓词。

全面抗战爆发后，中国的教育不可避免地需要为时局服务，学生的身体条件、所学技能也必须围绕国家战时的需要而准备。正是在这样的大背景下，童子军训练课也就是军体课，被编入了当时的教学课程表。

这一时期，曾家岩小学以中国童子军总部颁发的《童子军战时服务大纲》为基准，加强了对童子军的组织和训练，要求围绕侦察、交通、宣传、募救、消防等内容进行每日一小时的分组训练演习。

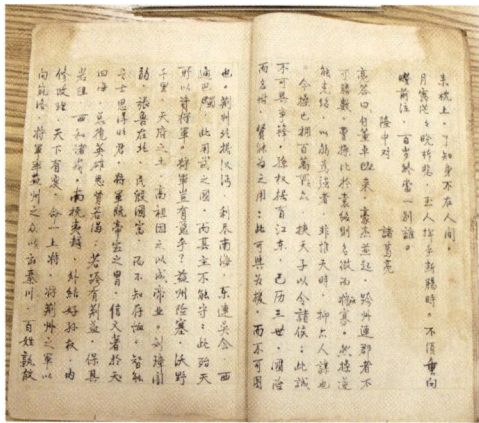

肖声闻校长生前笔记

张玉彬记得，那时他们不仅要保持正常的学习生活，每天放学之后还要在操场上集合，进行一些必要的军事训练。老师在队列前面进行训练指导和讲解，同学们就两人分为一个小组，进行关于宣传、募救、消防等内容的实际操作演练。

"抗日战争已经打响了！恨不抗日死，留作今日羞！我死国生，我死犹荣！"曾家岩小学老师们那一声声慷慨激昂的话语和明亮而坚毅的眼神感染着学生，学生们年纪尚小，那一刻起却也在心中燃起了保卫国家的熊熊烈火。立正、卧倒、跨栏、冲锋，一招一式，大家都有板有眼、一丝不苟，张玉彬虽不擅长运动，但也尽全力去做。每次一小时的训练结束后，不少学生都汗流浃背。这时老师们就会掏出手帕来挨个给大家擦汗，并嘱咐学生回家后马上换洗衣物，谨防感冒。

秉持着一切为备战服务的原则，那段时间，曾家岩小学经常给童子军进行集体训话，强调纪律意识。

张玉彬就读曾家岩小学时，学校里还没有广播，学生要集合开会只有通过打铃来通知。或许是因为张玉彬天生害羞腼腆，班主任李澄

童子军训练照

波老师为了鼓励她，将这个任务交给了她来做。张玉彬刚接到这个任务时，虽然感到像要上前线打仗一样压力巨大，但也郑重地答应了。一天，教导主任杨老师的身影在走廊那头出现，张玉彬在教室里远远地就看见了，她把腰板挺得更直，坐得更端正。"任务来了！"张玉彬想。一步、两步、三步……张玉彬的心跳不由得随着杨老师脚步的临近而逐渐加快。

"张玉彬同学，请出来一下！"杨老师的声音并不大，但张玉彬却激动不已，随着杨老师去到顶楼放置铃铛的地方。她双手机械地拿起木槌，手因为紧张而有些微微发抖。杨老师瞧见了她紧张的样子，鼓励似的轻轻拍了拍她的肩膀。张玉彬回头看了看杨老师带着笑意的脸，踏实多了。她鼓起勇气，深吸一口气，拿着木槌用力地敲打了上去。

"当当——当——当"，伴随着清脆的铃声，全校的同学迅速而又井然有序地到达了操场。看着在操场上集合完毕的同学们，又看看自己手里拿着的木槌，张玉彬的心里陡然升起一股浓浓的自豪感。不一会儿，校长开始讲话了，张玉彬在铃铛旁边站得更加挺拔，听得更

加认真。

每次讲话的内容大多都是关于纪律的，校长说"学校没有纪律便如磨坊里没有水"，说"革命如果不讲纪律，就难以成功"，说"纪律是自由的第一条件"。同学们在操场上聚精会神地听着，张玉彬在顶楼远远望着那整齐的队列，悄悄捏紧拳头，也在心中默默地念道："纪律是自由的第一条件！"

军体课强健了体魄，校长关于纪律的讲话丰富了精神。一个人不能没有精神，而一个精神丰富的人也不能没有健康的体魄。在战火纷飞的岁月里，曾家岩小学仍然没有忘记教育是一切的根本。曾家岩小学的老师们深知，教育的着眼点不仅在战时，还应该在战后。战后国家的建设需要无数专家学者、工匠技师的助力和支撑。因此，培养人才就显得特别重要。

正如国歌中唱到的那样："中华民族到了最危险的时候，每个人被迫发出最后的吼声！"当一个民族面临强敌的野蛮入侵，陷入空前的生存危机，全民抗战、老少皆兵就成为我们唯一的选择。曾家岩小学开设的"军体课"就是那个轰轰烈烈的大时代的烙印。在那段特殊的岁月里，曾家岩小学仍然努力坚持着教育为国家服务、为时代服务、为学生的个体发展服务的目标，毫不动摇。

撰稿人：邓红洁、李开云

第二章／奔流

8.
独创"静听思练"四字教学法

　　一所学校之所以出类拔萃，是因为具有独具匠心的办学理念，渊博仁爱的老师和行之有效的教育方法。徐世骐老师独创的"静听思练"四字教学法，就是他一生教育工作经验的提炼和总结。

　　《重庆日报》曾经刊登过一篇文章《被文艺界遗忘的人》，讲的就是徐世骐与戏剧的故事。2009年，时任曾家岩小学校长的邓红洁接到中央文化部打来的电话，要寻找一位名叫徐世骐的老师，要采访他的近况。后来才知道，出生于富家的徐世骐曾在抗战时期活跃于

徐世骐

重庆的戏剧舞台，并经常用自己的资金资助左联的活动，与郭沫若交情甚深。当局政府在逮捕当时左联的进步艺术家白杨时，徐世骐还拿出百元大洋让其躲避到成都近两个月……

1954 年，徐世骐的第二个孩子徐杰出生。为了照顾家庭，在复旦小学工作的妻子向组织上申请将他调到了离复旦小学不远的曾家岩小学任教。

1954 年到 1957 年，是徐世骐生命中难得的黄金岁月。这三年时间，是孩子们宝贵的童年时光，是

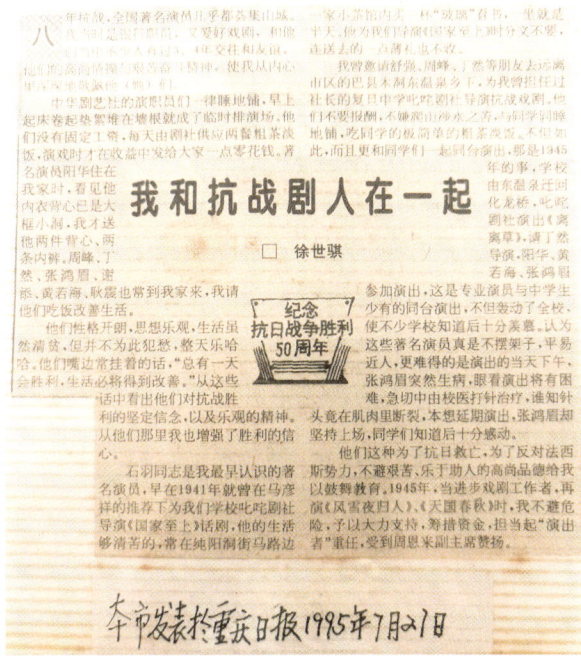

我和抗战剧人在一起

□ 徐世骐

纪念抗日战争胜利50周年

本市发表於重庆日报1985年7月21日

徐世骐老师作品

一家人欢聚的时光，是他醉心于教学工作的时光。"静听思练"四字教学法就是他在这段宝贵的时间里总结工作经验后提炼出来的。

"静"，既指表面的安静，又指内心的宁静，是一种全神贯注的状态。徐世骐认为，学生在学习的过程中，要能够静下心来，集中精力，不受外界干扰，这样才能保证学习的效率。尤其是对于很多小学生来说，好动是他们的天性，其自我约束力不够强，往往无法安静地度过整堂课四十分钟的时间，这就需要老师的严格要求和适当引导。徐老师认为，"静"是整个教学过程洗尽铅华、回归本真的必备基础，是让学生用心地去感知并理解知识的前提条件。

"听"，指上课时专注听讲。倾听是获取信息的重要渠道，对学生良好的听课习惯的培养是教学过程中的关键环节。不少小学生在课堂上乐于发言，但却不能安静地倾听老师或同学讲的内容，听课质量自然大打折扣，对于一些自控力较差的学生来说，更是如此。徐世骐

重庆市文化局

通知

徐世骐老师

为纪念抗日战争、世界反法斯战争胜利50周年，定于6月3日上午九时，在市文化局底楼会议室，召开抗日战争时期在重庆战斗和生活的文艺界老同志座谈会，请您出席。

重庆市文化局

一九九五年五月二十九日

徐世骐老师邀请函

老师深明其中要义，为了培养学生的倾听习惯，他在讲课过程中特别注重讲解课文时的趣味性和所讲内容的丰富性，并常常结合当时发生的大家都广为关注、津津乐道的新闻时事等热点，以此充分激发学生认真倾听的兴趣。

"思"，指认真思考。孔子云："学而不思则罔，思而不学则殆。"意思是如果一味地读书而不思考，就会因为无法深刻理解书中知识的含义而不能有效利用所学解决问题，甚至会陷入迷茫。徐老师善于在教学过程中运用多种方式点燃学生思维的导火索，帮助学生构建属于自己的思维王国，在思维浪花的滚动中去实现对所学知识的进一步深刻理解和熟练掌握。从"思之深"到"解之透"，从"记之牢"到"用之熟"，步步为营，层层推进。

"练"，指通过练习举一反三，拓展知识面的广度和深度。常说的做作业就是练习的一部分，无论是课堂练习，还是课外作业，都是帮助学生巩固知识、提高技能的一种主要手段，也是对学生知识掌握程度及技能水平状况的一种有效的检验形式，可以依据练习结果及时进行查缺补漏。同时，徐世骐老师还要求学生能运用学过的知识进行应用解题，以此实现能力的迁移。

教学中有很多方法，也有很多值得关注的要素，但是，徐世骐老师认为，只有深刻理解、领会并充分运用了"静听思练"这四个字，教学效果才会事半功倍。"静听思练"四字教学法是不可分割的一个整体，看上去仅寥寥四字，但其提炼的过程却并非易事，它是徐世骐在那个动荡的年月里虽历经辗转流离仍然刻苦钻研教育工作的具体精神体现。

徐世骐老师工作照

终其一生，徐世骐老师都在践行着他"静听思练"四字教学法。他不仅在课堂上这样教导学生，回到家里，他也是用这套方法教导自己的孩子的。他把"静听思练"四个字写成巨幅书法作品，挂在教室的墙壁上，在自己家里也挂了一幅。

"长大后，我就成了你。"多年以后，当徐世骐的女儿徐树根追随父亲的脚步，也走上讲坛成为一名教师之后，她越发觉得"静听思练"四个字的重要性，决定将父亲的这套教学法传承下去。她同样把父亲的这几个字也挂在了教室的墙壁上，引导着更多学子在求学之路上稳步前行。

只要活着的人还活着，死去的人就不会死去。今天，徐树根也到了退休的年龄，但徐世骐老师的"四字教学法"却被传承了下来，让一代又一代的学生受益。

撰稿：邓红洁、李开云

9.
现身说法为教育

生于 1924 年的郭德贤老人是一位坚定的马克思主义信仰者，她用自己的行为诠释了什么叫信仰。如今，当年从白公馆和渣滓洞逃出来的 20 多名幸存者中仅剩下郭德贤一人。老人的身体状态虽然已大不如前，但每当谈及那段血与火的革命经历时，她依旧激动万分，神采奕奕。

曾家岩小学经常邀请郭德贤老人来学校做讲座，将她的这种精神和信仰传递到年轻一代学生们的心中。

郭德贤与年轻的老师在一起

已九十四岁高龄的郭德贤，回忆起那段斗争岁月，有苦难的记忆，但更多的是革命的激情和爱国的情怀。她总是在办讲座的时候对台下的学生说："小朋友，你们现在是最关键的时候，一定要好好读书。我们当时在监狱里面所做的坚持和斗争，就是为了免除下一代的苦难，为了拥有和平的社会，拥有健全的教育环境，我们愿意把牢底坐穿。你们学习的机会是来之不易的，要好好学习，学好本领，将来替我们的国家、我们的党出力，做一个对社会有贡献的人。"

她一次又一次不知疲倦地讲述，带着孩子们穿越时光隧道，回到那个山河破碎、战火纷飞的年代，让孩子们仿佛目睹了那些将生死置之度外的革命者们奋斗抗争、浴血鏖战的身影。

每当郭德贤讲座结束的时候，坐在下面的孩子们总是会自觉地鼓起掌来，掌声持续很久，此情此景总会让老人流下热泪，她说这是幸福的眼泪。她为如今的好生活而高兴，为如今的小孩子能健康茁壮地成长而倍感幸福。

郭德贤从白公馆大屠杀中幸存下来后，许多重庆市民都想听她讲历史，讲革命志士在白公馆和渣滓洞战斗的故事。郭德贤觉得如果她的讲述能让更多人知道幸福生活的来之不易，从而鼓励他们好好学习、好好工作，努力成为对社会有贡献的人，那她是十分乐意的。于是她开始将自己记忆里的故事和人物详细写下来，一是为了更好地讲述那段历史，二是怕随着时间的流逝自己忘记一些细节。她害怕那些同志被后人遗忘，被历史遗忘，所以她极力地回想着那段在白公馆和渣滓洞的生活，尽管那段经历很痛苦，郭德贤还是选择去努力开启那扇记忆的大门。

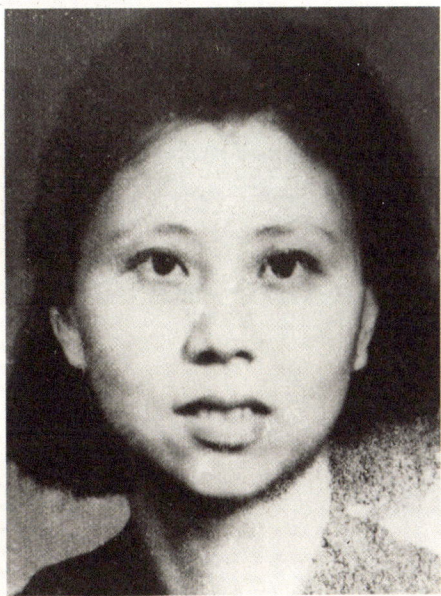

郭德贤旧照

基于这样的想法，郭德贤退休之后，依然密切关注着学生们的革命传统教育，她辗转中学、小学共几十所，办讲座，讲故事，不辞辛苦。有一次，曾家岩小学一名学生问她这样一个问题："您当时吃那么多苦，您觉得值得吗？"孩子脸上的疑惑郭德贤至今仍然深深地记得，她想自己一定要把这个问题回答好，这样才能让孩子们真正地明白革命的意义。

郭德贤在讲座中是用这样一段话来回答的：如今我们缅怀那些革命先烈们，是因为他们为了民族独立和国家尊严献出了自己宝贵的生命。他们有的是为了彻底埋葬旧世界，建立社会主义新中国而前赴后继，英勇作战，抛头颅、洒热血；也有的是在和平建设时期，为了祖国的繁荣富强而献出青春和生命。而我作为革命者的一员能够在敌人的屠刀下幸存下来，享受现在的和平幸福时光，当

郭德贤近照

年吃过的一点苦头又算得了什么呢？

"昨天永远属于过去，今天就在脚下。我们铭记英雄先烈的同时要去努力开创美好幸福的未来，我们要以革命先烈为榜样，弘扬革命精神，珍惜学习机会，努力学好本领，争取今后能为祖国和人民做出更大的贡献，为谱写祖国繁荣发展的新篇章奉献自己的一分力量！"

郭德贤是有深厚革命教育传统的曾家岩小学的义务政治辅导员，尽管年事已高，但是每次开学或者开办纪念活动时她都不会缺席。她曾说，她想亲眼见证孩子们的成长，这样当她

郭德贤老人在给曾家岩小学的同学们讲故事

去祭奠那些逝去的同志时，才能自豪地对他们说："你们的付出是值得的，现在人们的生活很安定，很幸福。"但只是简单地给学生们讲讲故事，郭德贤觉得效果还不够好，所以在每年的国庆节和儿童节，郭德贤都会带曾家岩的部分学生去白公馆、渣滓洞、烈士墓，让他们亲眼看看她故事里提到过的地方，看看那些革命先烈战斗过和长眠着的地方。

随着时光的流逝，革命先驱者的身影似乎渐行渐远，但革命精神永世传承的脚步却越发坚定有力。有这样一张照片被曾家岩小学一直珍藏着：在校园里那尊周恩来同志的铜像前，孩子们正簇拥在白发苍苍的郭德贤身旁，聚精会神地听着老人讲述着革命故事，孩子们专注地聆听和老人认真地讲述呼之欲出，这是爱国精神世代传承的生动佐证，也是革命火焰生生不息的最佳写照。

撰稿：邓红洁、李开云

10.
一年过三次生日的好老师

多年以后，徐世骐的大女儿徐树根写过一本书，回忆那段极为艰难的时光。她常常想：如果当初在曾家岩小学担任教师的父亲没有在长达二十年的逆境中坚守作为人民教师的那份初衷，没有父亲坚忍不拔的精神和爱岗敬业、求真务实的态度，就不会最终迎来二十年后的黎明。她很感谢父亲在黑暗中的坚守，是父亲教会了她，只有战胜逆境，才能战胜自己。

命运的转折发生在1957年。这年6月，生性率直的徐世骐因为针砭时弊，被扣上了"右派"的帽子，下放去劳动改造。

直到20年后的1979年，随着国家政策的调整，徐世骐的人生才迎来了新的转折点。这天上午，他接到通知回曾家岩小学开会。怀着好奇又忐忑的心情，徐世骐来到了学校。陈显明校长已经在办公室等着他，旁边的治保干事笑盈盈地递给他一杯热茶，徐世骐战战兢兢地接过茶，心想："今天是怎么了？"陈校长示意他坐下后，清了清嗓子，便庄重地念起了手上的一份文件："《关于摘去徐世骐同志'右派'帽子的决定》……"只念了一个题目，徐世骐心里就是一震，紧接着才反应过来，他在心里长长地吐出一口气：终于熬到头了！

刹那间，那些摔过的跟头，那些熬过的阴冷，那些不被人理解的嘲讽，都在眼前一一闪现。热泪挂在脸上，苦难藏在心里，徐世骐任由脸上的泪水恣意横流。

虽然这一天他已经等了整整20年，但是，当这一天真的到来的时候，他还是觉得太突然了，一切都像是在做梦。走出学校的大门，他特地到理发店剪去了杂乱的头发，还修了面，看起来顿时像是年轻了好几岁。

往者不可谏，来者犹可追。在陈显明校长真挚的邀请下，徐世骐最终回到了曾家岩小学任教，回到了他阔别多年的讲台。这一天，徐世骐高兴得像个孩子，握着校长的手激动地说道："好好好，只要有工作我都愿意认真干。"

从 1957 年离开讲坛，到 1979 年重新回到学校走上讲坛，中间已悄然走过了 20 个春秋。回到曾家岩小学任教后，徐世骐坚持一丝不苟的教学态度，倾心育人。遇喜怒哀乐，皆能泰然处之；尝尽酸甜苦辣，均可甘之如饴。这是岁月给他的磨难，也是给他的礼遇。

刚开始重回讲台的时候，妻子还担心他，毕竟这么多年没上讲台了，教材、教法都与 20 年之前有了很大的变化，他还能教好吗？过去徐世骐教语文，教得不错，但上课风格与其他老师并不相同，徐世骐是一个有个性的人，他有自己的见解和看法，但也比较固执。在教育形式日新月异的当下，他还是坚持按照自己多年以前的方法去教，领导找他谈话，他却说："对于教语文，我有自己的坚持。"后来领导实在拿他没有办法，又舍不得失去这位卓有能力的教师，于是就把他调去教科技了。

虽是被调去教了科技，徐世骐依然乐在其中，他没有觉得教科技低人一等，反而随着他对科技学科的钻研越发对此感兴趣了。徐世骐坚信中小学生的教育要面向现代化，要走向世界，就一定要接受现代化的知识传输。他勤勤恳恳、兢兢业业，珍惜这来之不易的教学机会，自己不会的就一边学，一边教。

一个周末，徐世骐为了查阅国外一部关于科技教育的书籍，清晨 8 点就出了门，由于这本书的数量少，且时常被人借阅，他去了好几次都没能见到。而这一次终于是安稳地摆放在了图书馆的陈列架上。徐世骐十分高兴，拿起书就往阅览室走去。科技类的外国著作专业术语极多，看起来有难度，但徐世骐还是借助字典一字一句地细细品读。就这样，他在图书馆一坐就是一天，连饭都没吃过一口。或许是书本中的知识太过于精彩，直到图书馆到了闭馆时间，徐世骐还在专心致志地看着。

徐世骐工作照

当时已经是晚上10点，读者陆续离开，工作人员见他没动静，便过去提醒，徐世骐这才发现天已经黑了。他看看手表，又看看没能看完的书，摸了摸兜里，才想起图书馆的借阅卡已经在上周遗失了。"这本书那么容易被借走，今天好不容易逮着机会能够借阅，不看完真是太遗憾了。"他心想。可没办法，书终归是要还的，将书本归位后，徐世骐慢步走出图书馆，呆立在图书馆门口思索了半晌，心生一计，然后径直走去旁边的椅子坐了下来，他准备就在这等到明天图书馆开门，他好第一个冲进去，继续阅读。

当时已经到了冬天，入夜后的山城升起阵阵雾气，愈加寒冷起来。徐世骐的妻子见他迟迟没有回来，有些担心，便去图书馆找他。从家里出来后，穿过一条公园的小路，妻子远远看到图书馆旁的椅子上有个人影，再走近一看，正是徐世骐。他就这样坐在冰冷的椅子上，双手交叉地抱着胳膊，头一晃一晃地打着瞌睡。

妻子感到莫名其妙，问："家里有床不睡，怎么想着在这个地方睡觉？"她快步走过去，大声将徐世骐喊醒，责怪道："看完书为什么不回家，这寒冬腊月的，多冷啊！"

徐世骐这才懵懵地从睡梦中醒来，抬头看是自己的妻子，迷迷糊糊地说道："我有一本书还没看完，怕被别人借走，就想在这儿等着明天图书馆开门。"

妻子听了又好气又好笑："我看你是看书看迷糊了吧，要想看书，你明儿早些来等不就得了！"

徐世祺（右二）与家人

徐世骐这才反应过来，尴尬地笑笑，起身随着妻子回家。

对于徐世骐来说，20 年的光阴，如过眼云烟，除了日渐苍老的容颜，什么都没有留下。他不埋怨逝去的命运，不怨恨过去的岁月，不叹息那些不由自主的安排。他相信上天始终是公平的，能够在 20 年之后重返讲坛，既是命运的安排，也是他的幸运。就这样，他一面学习，一面授课，终是获得了全校师生的认可。

在参与两年科技教学之后，徐世骐也到了该退休的年纪。但由于他工作刻苦努力，而且具有突出的教学能力，退休后的徐世骐又继续被学校返聘，工作了三四年。后来学校考虑到徐世骐年龄确实大了，才终于让他从教师岗位上退了下来。

退休之后，徐世骐不愿过每日尽享清闲的日子，想尽可能多地实现自己的人生价值。于是他加入了退休协会，而后担任了协会的理事。当时退休协会和教委合作办了一个补习班，徐世骐就把从曾家岩小学退休的一些老师组织起来，发挥余热，在补习班给孩子们补习语文和书法。这样的生活一直持续了六年之久，到 1990 年才算结束。

此后，徐世骐才真正进入晚年生活。

2002 年，徐世骐迎来了自己的 80 岁生日。这一年，他过了三次生日，一次是退休协会组织的，一次是家里组织的，还有一次是当年他教过的学生组织的。

2004 年，享年 82 岁的徐世骐去世。

虽然一生波折，但徐世骐的教育理想却从来没有中断。在长达数十年的坚守中，徐世骐收获了很多人的爱戴和尊重。多年以后，回望父亲的一生，徐世骐的大女儿徐树根并没有因为父亲曾经是右派而感到抬不起头。相反，她一直很敬佩父亲，父亲为了热爱的教育事业，辛辛苦苦奉献了自己一生，无怨无悔。时代的裂变，命运的转折，往往会影响到一个普通家庭的命运，但他一生刚正不阿，为了教育事业更是倾尽心力，徐树根为有这样的父亲而感到骄傲。

撰稿：李开云

第三章／激荡

11.
心细如发　一视同仁

　　曾家岩小学能有今天的发展，很大程度上得益于优秀的师资、良好的校风和规范的管理，像邱正谋这样心细如发、爱岗敬业、一心投身教育事业的良师更是功不可没。

　　在邱正谋老师数十年的教育生涯中，他教过富家子弟，也教过贫寒人家的孩子；他教过成绩好的学生，也教过成绩差的学生。在他眼里，学生没有贫富之分，没有优劣等级之分。他深深地懂得，身为一名教师，最重要的就是关爱学生、默默奉献。

　　在曾家岩小学任教之前，邱正谋在人民小学任教。那时的人民小学，是中共西南局直属机关干部子弟校，由中共西南局第一书记邓小平的夫人卓琳任校长，并成立了校董事会，由贺龙元帅亲自担任董事长。刚创建不久的人民小学需要一名优秀的数学老师，有人便推荐了当时在西南局材料研究室工作的邱正谋。

　　在人民小学，邱正谋教过邓小平同志的儿子邓朴方、女儿邓琳以及贺龙的儿子。1961年，邱正谋因为教学成绩突出，被誉为市中区（1995年3月，重庆市市中区更名为重庆市渝中区）数学教育的一张名片。而这时候，他却主动提出了去曾家岩小学教书。很多人对此表示不解：人民小学学生生源好，办学条件更好，为什么要去一所普通的学校教书呢？邱正谋回答说：教育没有贫富之分，每个学生都有享受平等的教育权利，只有当普通学校的孩子得到提高之后，整个社会的教育水平才能得到提升。

　　在曾家岩小学，他不仅一如既往地关照成绩差的学生，努力提升学校的数学整体成绩，还悉心培养了一批数学老师，把自己多年总结、行之有效的教学方法传授给他们，通过这种"传—帮—带"的方式大大地提高了曾家岩小学数学教学的整体水平。曾经接受过邱正谋指导的于老师回忆说，当时邱老师每周五放学之后都会抽出时间来专门给其他老师讲课。因为台下坐着的都是老师，他还幽默地说："这里坐的都是老师咧，你们就别喊我邱老师了，直接叫老邱就行。"因为讲的是教学方法，所以邱正谋会列举丰富的实例，这样一来课堂的氛围立刻就变得活跃起来。有些时候，邱正谋还会和这些年轻的老师讨论这样教对不对、是否合适，毕竟他与年轻老师存在一定的年龄差，有许多不同的想法。双方通过激烈的思想碰撞擦出了很多火花，这些火花落实到具体的教学方法上就变成了很好的教学模式。

青年时期的邱正谋老师

那时候，邱正谋的女儿每周五放学后都会来他们上课的教室，等着邱老师下课后一起回家。她每次来就在教室的角落里找一个位置，然后安静地拿出自己的作业来做，做完了就认真看书，特别懂事。有时候，父亲和老师们讨论数学难题时会拖得很晚，女儿也不吵不闹，实在困得受不了，就自己趴在桌子上睡了。等到讲课结束，邱老师便会将睡着了的女儿背回家去。迷迷糊糊中，女儿觉得父亲的后背特别宽阔、厚实，在父亲的背上，女儿睡得很香甜、很安稳。

据曾家岩小学的老校长陈显明回忆，邱正谋老师的数学确实教得很好，他一直教小学高年级，上课从来不拖堂，也从来不补课，这对于小学高年级教学来说是很少见的现象。而且在临近考试的时候，邱老师还会让学生早点回家休息，但每次考试，邱老师所教学生的成绩总是能名列前茅。充分高效地利用课堂上的每一秒钟，不额外增加学生的课余负担，是邱正谋一直坚持的教学原则。如果有个别学生的成绩跟不上，他就在课堂上挤出时间来单独给他讲一讲。凭借对所讲内容的烂熟于心，他讲课时完全不需要资料和教案，总是思如泉涌、随口就来。当学生遇到难题的时候，邱正谋也不是简单地直接讲解答案，而是带着学生一起分析题目，抽丝剥茧地引导学生一步步找到题目的突破口。等学生找到解题思路的时候，邱正谋就不再讲了，解题的过程也不会讲，他想要着重培养的是学生思考问题的方式和能力，而不看重学生能做对多少道题。

教师体训

　　邱正谋老师的教学有两个特别与众不同之处：一是从来不用备课本，二是从来不补课。

　　他上课的内容都提纲挈领地写在一张卡片上，上课时就根据卡片在黑板上写好今天要讲课的内容提要，然后就开始逐一讲解重点内容，接下来考查学生是否已经学会，最后留下作业，而且这个作业是要求学生在课堂上即时完成。整个教学过程可以说是严丝合缝、一气呵成。邱老师的板书设计也堪称一绝。一堂课所教的所有知识点全写在黑板的一面，一堂课的主题居于黑板正中，上面部分是学习重点，下面部分则是学生需要回答的问题。邱老师上课所用的卡片实际上是他的教案，也是他精心设计的。有人曾经问过校长陈显明，为什么从不要求邱老师写正式的教案。陈显明回答说："邱老师有自己独特的教学方法，他惯用的卡片就是教案，作为校长，只要是对教学有利，我会充分尊重每个老师的教学习惯。"也正是由于背后有如此思想开明的学校领导的大力支持，邱正谋老师才得以在自己钟爱的教学事业中如鱼得水、大展拳脚。

据陈显明观察分析，邱正谋从来不补课的背后原因还有两点：一是他有剿匪时期落下的哮喘病；二是因为他妻子远在云南工作，他工作之余还要承担起一家老小繁重的家庭事务，所以他必须在 40 分钟之内就高效率地完成自己的工作。在这 40 分钟内，他尽可能地做到不讲一句多余的话，说的全是精华。在邱正谋上课时，学生全都聚精会神地听，一边认真聆听一边做着记录，生怕自己错过某一个知识点。邱正谋认为作业是检验学生听课效果的有效方法之一，只有亲自下笔解题，才知道自己到底会不会。这样一来，从不补课但高效的课堂教学保证了邱正谋老师的教学进度在学校一直名列前茅。

对于学生的作业，邱老师坚持全批全改。他告诉女儿：一个老师不认真和完整地批改作业，就不能及时而准确地了解学生的学习情况。哪些知识点在教学过程中没有拿捏好，哪些重点知识学生没能掌握到，都可以通过批改作业及时得以了解，所以那时邱正谋的两个女儿常会看到父亲深夜还在自己的书桌前埋头批改作业。

有一次，邱正谋的大女儿半夜醒来，路过父亲的书房时看到里面的灯还亮着。女儿轻轻推开房门，探头一看，发现父亲已经趴在堆积如小山般的作业本中睡着了，他的右手还紧握着钢笔。女儿蹲下身凑近父亲，很清楚地看到父亲那黑黑的眼圈。不忍心叫醒父亲，女儿拿了毯子，轻轻地盖在父亲身上。结果刚盖上毯子，父亲就醒了，看着自己身上的毯子，再看看站在自己身边的女儿，邱正谋笑了笑，轻轻地摸了摸她的头说："我的女儿长大了，知道关心父亲了！"

很久没和父亲聊天的大女儿，这时也顾不上去睡觉，就想和父亲说上一会儿话。看出女儿想法的邱正谋，拿起盖在自己身上的毯子，让女儿披上后，开口说道："父亲知道，一直忙于工作和家庭琐事，难得有时间和你们姐妹俩好好交流一下思想，我这个父亲确实做得不称职呀！"听到这话，大女儿使劲地摇了摇头。邱正谋笑了笑，接着又严肃地说："你们是我邱正谋的女儿，所以日常的行为举止一定要得体大方。父亲是一名教师，学生在我心中的分量是很重的，有时候会因为学生而忽视你们，请作为女儿的你们一定要原谅父亲。"邱正谋的大女儿至今也不能忘记，当时父亲的语气是那样地坚定，那样地有力。也正是因为父亲的影响，女儿一直对教师这个行业充满了尊敬之情。后来，女儿当上大学老师，也一直坚持全批全改学生作业。这和某些大学老师部分批改甚至不批改学生作业的做法形成了鲜明的对比。

在邱正谋老师的努力下，原来只能考三四十分的学生，一跃升到了八九十分。在邱正谋担任曾家岩小学数学老师期间，曾家岩小学学生的数学成绩提升很快，数学成绩排名稳居全区一、二名。更为重要的是，很多学生正是在邱老师的熏陶下，从对数学的不感兴趣到满心喜欢直至终身热爱，有的后来还从事了和数学相关的工作。相比较纸面上分数的简单提升来说，这无疑是让邱正谋老师更感欣慰和自豪的成就！

撰稿：李开云、邓红洁

12.
长大后我就成了你

　　邱正谋老师特别关爱学生，除了在学习上努力帮助孩子们提高成绩外，在生活上对学生们也是倾尽全力、百般照顾。邱老师平日里积攒了些肉票，逢年过节，有些农村学生因路远回不了家，他就用肉票买了肉来包抄手或饺子请他们到家里来一起过节。邱老师的女儿曾经这样说，过节时只要有学生来家里就吃得好，如果不来就没有肉吃。那个时候的自己还天天盼着父亲的学生能来家里，那样自己每天都可以吃好吃的了。这句充满童趣的话，也从一个侧面体现了邱老师对学生的深情厚爱。

　　邱老师的大女儿还回忆说，自己还曾经为此向父亲发过不小的脾气。一次，邱正谋的小女儿发烧了，正当邱老师准备送小女儿去医院的时候，突然有学生跑来说，有一个农村学生也发高烧，已经烧得神志不清了。邱正谋二话不说立刻跑去宿舍，和同学们一起送学生上医院。匆忙间他竟然将小女儿的事置于脑后，大女儿无奈之下只好请左邻右舍出手帮忙才将妹妹送去了医院。

　　在医院里守着妹妹的大女儿很是生气，当邱正谋将生病学生安顿好急匆匆赶到小女儿的病床前时，大女儿怒气未减，假装没有看见他，扭过头去望向病房的墙壁，一言不发。看着大女儿生气的样子，邱正谋沉默了好一阵儿，无可奈何地笑了笑说："这次确实是爸爸做得不好，女儿你消消气，原谅爸爸这一次。"见女儿仍不作声，他又耐心地解释道："女儿呀，你看那位同学远离亲人，突发急病，我做老师的怎么可能不管不顾呢？而且他当时的情况比你妹妹要严重，我的想法是先把他的问题解决后，再回过头来送你妹妹。你能理解爸爸吗？在爸爸的眼中，我的学生和你们一样，都是我最亲爱的娃娃呀！"父亲诚恳的充满真情的一番话，深深地打动了大女儿，她若有所思。突然，她瞟见父亲脚上因为来得过于匆忙，

邱正谋与家人合影

竟然将左右脚的鞋子都穿反了，又好气又好笑的她实在忍俊不禁，噗地一声笑了出来。邱正谋顺着女儿的眼光看过去，这才觉得不对劲，赶紧把鞋调换过来。懂事的大女儿已经端了一杯水递到他的面前说："这次我就原谅你了，妹妹好些后我也帮你做做她的工作，免得她也生你气！"邱正谋伸出手指刮了刮女儿的鼻子，欣慰地笑了。

邱老师自己的家庭条件比较差，上有两位老人，下有两个孩子，工资也不高。尽管如此，每当学生生病了，他都会自己掏钱买些水果或营养品送去，很多学生已然把他当作了自己的家人。多年以后，邱老师当年教过的学生从北大清华回来看他，还和走亲戚一样带上自己的父母。此时，平日里一向话不多的邱正谋却犹如打开了话匣子一般，一边关心着学生父母的健康，一边询问起学生的工作近况。他们就像久别重逢的亲人一般天南海北地畅聊着，其乐融融。

在女儿的眼里，父亲把自己的一生实实在在地献给了小学数学教学。不管是平时里的所想所做，还是在校期间的勤勤恳恳；不管是上课还是批改作业，也不管是板书还是讲解，每个教学环节他都一丝不苟。备课的时候他不仅看小学教材，还参考中学教材。女儿初中、高中的数学都是父亲亲自教的，也从父亲那里学到了很多书本上没有的知识。父亲常常教导她们说："你们一定要努力达到比你们现在从事的工作要求更高的水准，这样才可能把自己现在的工作做好。"

大女儿1978年考入了重庆师范学院生物系，毕业参加工作之后凭借出色的表现被评为三级教授。自己之所以在事业上能取得一定的成绩，她认为父亲严谨治学的态度对她的影响功不可没。

邱正谋对孩子们一向要求严格，不但对学生如此，在家里对自己的孩子也是这样。小时候，女儿放学回家作业还没做完，就跑出去四处玩耍，回家后就会受到父亲的严厉批评。邱正谋老师有时候忙于工作，没有时间在家给孩子们做饭，就让女儿自己去曾家岩小学的食堂吃饭。她们上学放学没人接送，都是自己一个人。这样的生活无形中也极大地锻炼和培养了她们的自立能力。

都说字如其人，邱老师一生治学严谨，板书也特别漂亮。受此影响，女儿的字也写得同样工整美观。邱老师的严谨态度，不但惠及了他众多的学生，而且也让每一个家庭成员从中受益匪浅。

因为父亲身体状况一直不佳，所以懂事的女儿想学医，希望有朝一日能治好父亲的病，但父亲更希望女儿能上师范专业，将来像他一样献身教育。后来，大女儿当上了医科专业的大学老师，既遂了父亲的心愿，同时也与自己的兴趣相结合，做到了两全其美。

长大后，我就成了你。当大女儿成为一名大学老师后，她的教学方式和教学风格中无不透露出父亲的影子。从小到大，女儿跟父亲在一起的时间多于母亲，因此感情上也自然更亲近一些。女儿还记得，自己参加工作后，每个周末的晚上，爸爸都会和她一起去看电影。父女俩手挽着手走在路上，让不少老师在羡慕之余也赞叹不已。

在大女婿的印象里，邱正谋老师生活简朴，吃得很简单，穿得也很简单，虽然那个时候他的工资已经不低了。印象最深的是，邱正谋老师喜欢吃女婿做的麻婆豆腐，吃得特别香。女婿说："他的心思都放在学生身上了，很少关心自己的生活，也很少去关心自己的病。"女婿在外地工作，每次回来探亲，临走前，邱正谋老师都会千方百计地把女婿路上吃的东西准备好。

由于在江津剿匪时落下了病根，邱正谋老师的肺部一直不好，多年纠缠着他。中间也去看过医生，本有机会治好，但因为要开刀取掉几根肋骨，需要住院治疗，邱老师顾虑到这样会耽误很长一段工作时间，影响到学生们的学习，便没有下定决心去治，就这样拖延了下来。1987年，邱正谋因肺部问题住进了医院，最后因很严重的气管炎离开人世，年仅63岁。父亲走得太早，这是女儿心里最大的遗憾。

邱正谋一生爱岗敬业，淡泊明志。因为在教学中很有名气，不少媒体慕名而来采访报道他的事迹，都被他一一婉拒了。他常说："我但求对得起学生和社会就行，其他的什么名呀、利呀都不重要。"

"一辈子能遇到像邱老师这样的良师，从一开始就把自己引到正确的人生之路上，是我终生之幸运！"邱老师的一名在工作上颇有建树的学生如是感叹。

邱正谋老师的一生，是爱工作、爱家庭、爱子女的一生，即使在他去世多年之后，他对工作和家庭默默付出的精神依然被同事、学生、亲人所深深铭记和传诵。

撰稿：李开云、邓红洁

13.
风清气正

一个人的成功，需要几十年的修炼；一棵树的成材，需要经历上百年的生长；一所学校文化的凝练，则需要几代人持之以恒的不懈努力。

一百多年来，曾家岩小学办学的理念——"启蒙养正　明诚立人"始终不曾改变。无论是培养的人才，还是吸纳的师资，抑或是作为领导的一校之长，都始终秉承和贯穿着这样的办学理念。

1969 年，陈显明调入曾家岩小学。因为学生太多，教室不够用，一个年级 20 个班，被分成两组，10 个班上午上课，另外 10 个班下午上课，不上课的那个半天，就主要进行体育和劳动。

1971 年，陈显明担任曾家岩小学"革委会"主任，实际上就是校长。一段时期过后，"革委会"不复存在，便恢复叫校长。

时隔多年，陈显明校长依然清晰地记得初次到曾家岩小学时学校留给她的印象：校地近三十亩，一共有两幢教室，一幢平房，还有一个大操场。上面一幢作为高年级（小学五、六年级）学生的教室；下面一幢房子是天主教福音堂留下来的，作为低年级（小学一至四年级）学生的教室。学校中间的一个坝子就作为操场，操场旁边的平房就是学校的厨房。后来在厨房旁边搭了一个窝棚给一名厨师住。重庆解放之后，教会的人都走了，但福音堂的教堂主楼还在，福音堂被曾家岩房管所收归公有，后来因为教师没地方住，就分给教师当宿舍使用。操场边，栽种着一些高大的黄桷树，这些郁郁葱葱的树木，为学校增添了不少生机。

这就是 20 世纪 70 年代曾家岩小学的风貌。这幅画就像是一张黑白老照片，时时闪现在陈显明的脑海里。

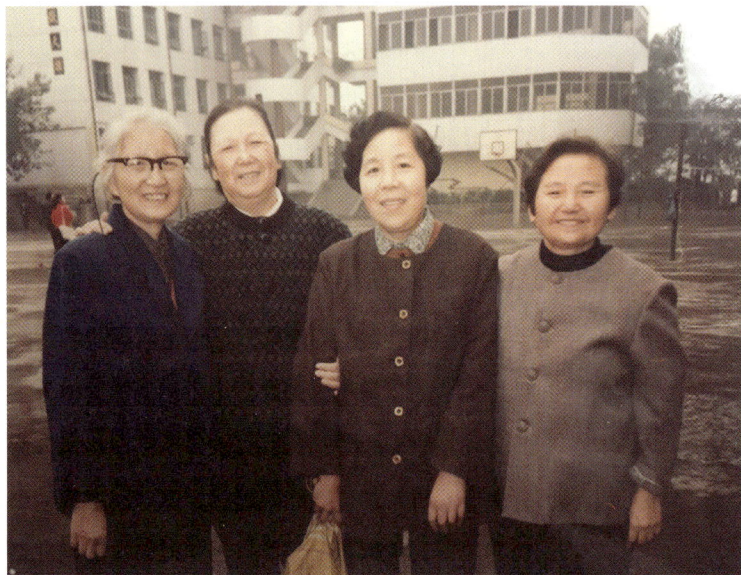

陈显明校长（左三）与老师们在一起

　　特殊的历史时期，造就了一批冤假错案。陈显明到曾家岩小学工作后，首先就是营造风清气正的教学氛围，实事求是地看待和解决问题，让教师们安心工作，这在当时来说显得非常重要。

　　学校有一位姓夏的老师，因出身不好，常被社会上的人瞧不起，也经常有一些非议传到夏老师的耳朵里，使她无法安心工作。一天，夏老师找到陈显明哭诉，说她的第一任丈夫的确是地主出身，但解放后已经离婚了，现在第二任丈夫是一名工人。夏老师十分委屈地说："我从来都没有去收过租放过佃，只是跟着丈夫过日子而已，怎么能算是地主呢？更何况，那早就是过去的事了。"

　　借此机会，陈校长特意召开了一次全校的教职工会议。会上，她说："关于夏老师的问题，我问过一些学生的评价。学生们说，夏老师不但上课细心，还经常关心家庭困难的学生，带家庭困难的学生去家里吃饺子，甚至还给学生缝补过衣服。请问这样爱护学生的老师难道还不能算好老师吗？我也听过夏老师的课，夏老师的语文课喜欢讲故事，同学们很喜欢听，业务能力也突出。像这样的老师，如果仅仅因为她曾经嫁给过一个地主出身的丈夫，就要受到我们的非议，就要受到社会的歧视，那我倒想问一问：到底是夏老师出了问题，还是我们学校的风气出了问题？如果我们没有起码的是非观，没有起码的价值观，我们还如何为人师表？"她还要求老师们务必把精力放在如何安心教书、如何提高教学质量上来，不准老师们私下对别人的家庭出身、家庭成分发表非议。

陈校长的一番话，有理有据，说得老师们心悦诚服。坐在人群中的夏老师，也因为陈校长的这番话，感到无比的温暖。解决了思想上的后顾之忧，夏老师上课也更加用心了。

陈显明校长

一所学校的良性生态其实很简单——老师好好教，学生专心学，由此，构成了好校风的核心要素。陈显明所做的工作，及时而有力地扭转了学校的风气，使得全校师生能够心无旁骛地围绕着教学展开工作。

"学高为师，身正为范"。这八个字精要地概括了老师的理想形象。在陈显明看来，一个好老师应该做到这两点：上课，能给学生带来丰富的知识，教会学生看待世界的方式；做人，也要行为端正，给学生们做一个良好的示范。

陈显明在学校树立和引领良好风气的工作，得到了很多教职员工的交口称赞。她任职于曾家岩小学这20余年来，学校保持了稳定的教学秩序和良好的同事关系，这与其高尚的人格密不可分。

一个学校的校风，就是学校领导作风的具体体现。好校长引领好校风，"启蒙养正 明诚立人"，以陈显明为代表的曾家岩小学的一位又一位学校领导身体力行地实践着这样的学校理念，从而推动着学校的不断向前迈进。

撰稿：邓红洁、李开云

14.
平凡人生真善美

"求真　至善　尚美"，是曾家岩小学的校训。到底什么是真善美？在曾家岩小学工作过的一名平凡的炊事员，用自己近四十年的工作经历为这一校训做出了完美的诠释。

"人类生活的大厦从本质上说，是由无数普通人的血汗乃至生命所建造的。伟人们常常用纪念碑或纪念堂来使自己永世流芳，真正万古长青的却是普通人的无人纪念碑——生生不息的人类生活自身。"这是作家路遥在《平凡的世界》中写的一段话。是的，在现实生活中，平凡人的真善美往往给人更多的感动。

从 1950 年到曾家岩小学担任炊事员起，陈学文就与这所学校紧紧地连在了一起。从 20世纪 50—90 年代，陈学文几乎见证了曾家岩小学近 40 年来的全部发展历程，他始终被曾家岩小学一直以来所秉承的"启蒙养正　明诚立人"的办学理念所激励和感染，并潜移默化地变成了自己日常的实际行动。虽从未上过一天学，但他却始终保持着巨大的学习热情。在曾家岩小学工作期间，除了厨师工作外，他还自学和掌握了木工、电工等实用技术，学校里的一些常用工具损坏时大都是由他去修理。

由于家里条件不太好，年轻的陈学文经济拮据，而且炊事员这份工作在当时也不是特别的"体面"，所以他结婚比较晚。父母为陈学文的终身大事可操了不少心，但好在他婚后不久就有了一个儿子。儿子出生的那天，陈学文十分激动，苦尽甘来，人生幸福的画卷似乎终于在他面前徐徐展开了。

可谁知天有不测风云，安稳日子并没有持续多久，陈学文的妻子就开始嫌弃他，说他这份工作没什么前途，又说他不求上进，整日里催着让他换工作。可陈学文哪里想换呢，他从来不觉得这份工作有失体面，几年来，他反倒越来越喜欢了。曾家岩小学的工作环境好，平时接触的也都是文化人，让他这个"文盲"也能得到文化知识的熏陶。陈学文不想放弃这份工作，对于妻子的责骂也只是充耳不闻。可没想到，妻子看陈学文没有换工作的意思，对他越发嫌弃，不久后竟然丢下儿子一走了之。

陈学文教工

孩子还小，妻子走后，陈学文既当爹又当妈，还要忙于工作，其困难可想而知。他开始满世界疯狂地寻找妻子，妻子的老家，各种亲戚朋友家，他都找遍了，可依然没有妻子的一点消息。

妻子的不辞而别，使陈学文受到了很大的打击，本是心心念念要相守过一辈子的人，没想到说走就走了。难道真是自己的这个职业不好？难道真的要换工作才能获得幸福吗？他彻夜难眠，怎么想也想不通。后来父母劝他，人生路还很长，妻子没了还有儿子，要担负起做父亲的责任。陈学文听后，本想振作起来跟儿子一起好好过日子，可每日看到儿子嚷着要妈妈，他也只有默默流泪。

时任曾家岩小学校长的陈显明看到陈学文终日郁郁寡欢，便关心地去询问，这才知道了其中缘由。那天，陈显明校长来到陈学文的工作地点，跟他促膝谈心了一个下午。陈显明说："工作不分高低贵贱，英雄不问出处。"又说："苟有所见，虽布衣之贱，远守之微，亦可施用。"有些话陈学文听得懂，有些话听不懂，但他清楚地感受到陈校长的态度十分真挚诚恳。害怕他理解不了，陈显明还耐心细致地向他解释这些话的意思："就是说工作没有优劣之分，每一份工作都值得我们用心去做好。""任何一个人离开你，都并非突然做的决定，你只能冷静接受现实，只有这样，你才能拥有自己完整的人生。""新生的小孩，没有什么是比这更好的礼物了！"陈学文一字不漏地认真听着这些劝慰的话，忽然觉得豁然开朗。

平时里，陈学文忙于埋头工作，很少去用心感受别人的尊重，但这次不一样，他通过陈显明校长诚挚的眼神、真诚的态度，面对面地体会到了受人尊重的成就感。他顿时觉得自己的选择没有错，做一名厨师依然可以在平凡岗位上实现自己的人生价值。

陈学文很快振作起来，继续勤勤恳恳地工作。他喜欢学校的工作氛围，每个人都彬彬有礼，都那么尊重他。每当看到老师和学生们吃着自己烧的饭菜，他就觉得浑身充满了力量，也觉得人生的价值在此得到了体现。

由于长期在学校工作，受到良好文化氛围的影响，陈学文这辈子唯一的希望就是儿子长大后也能上学读书，也像曾家岩小学的老师一样，当个优秀的文化人。

妻子走后，陈学文没有再娶，独自一人精心抚养儿子。他从小教育儿子要向老师学习，要热爱知识，与人为善，不求做一个伟大的人物，若是以后也能当老师，就做一个"求真 至善 尚美"的平凡人。"启蒙养正 明诚立人"的办学理念，也深深地影响着陈学文。最终，儿子在陈学文常年的精心栽培下，争气地考上了大学。儿子考上大学的那一天，陈学文觉得这些年来的心血没有白费。他欣喜之余，一遍又一遍地在校园里走着，觉得校园里的一草一木都那么亲切、可爱。

时间的车轮继续向前飞驰着，儿子大学毕业之后，赶上了知识分子下乡的热潮，他毅然响应号召，投身到了"大有可为"的广阔天地中，去外省一农村当了知青。

时光在平静的岁月中总是显得格外匆匆。转眼间，陈学文的儿子也早已从农村当完知青回来，成了家，还有了个可爱的女儿。当了爷爷的陈学文依旧坚守在曾家岩小学的厨师岗位上，送走了一届又一届的学生，也迎来了一批又一批的老师。慢慢地，他竟成了在曾家岩小学工作时间最长的人。工作时间，他总是尽心尽力地完成自己的本职工作，闲暇之余，又主动修补损坏的课桌椅，一直在为老师和学生们提供更美味的菜肴和创造更舒适的教学环境尽心竭力。

劳累了一天，回到学校提供的那间小小的房子里，看着孙女满面笑容地喊着爷爷，他顿时觉得所有的疲劳都一扫而空了。日子不紧不慢地一页页翻过，一家人在一起过着淡然安详的生活，虽普通却也是一种幸福。

"我是一个平凡的人，也可以过得不平凡。"这是陈学文生前说过的话，日本学者黑田鹏信曾说："真善美，即人间理想。"陈学文的经历，就是这样一个在平凡的人生中寻求真善美的过程。

撰稿：邓红洁、李开云

15.
启发式教学展身手

王琦校长

著名思想家培根说，求知的目的不是吹嘘炫耀，而是寻找真理、启迪智慧。这与曾家岩小学的前身——明诚学堂的特质"真善美圣合一，知情意行合一"不谋而合，要义相通。

1952年11月，之前被保送到四川师范学院读书的王琦，被任命为曾家岩小学的第三任校长。

在正式去曾家岩小学报到的前一天，王琦独自一人去了曾家岩小学，他原本只是想提前来看看将要工作的地方，看看曾家岩小学的校园环境，可是没想到这一看，就喜欢上了这里。

走在曾家岩小学的校园里，随处可见黄桷树、月季花，令人赏心悦目；操场上正追逐嬉闹、发出阵阵欢声笑语的孩子们，更是让人心生爱意。虽然曾家岩小学并不是特别大，但是每一个孩子脸上都挂着幸福的笑容，他们那发自内心的喜悦感染着王琦，让他坚定了要到这里来当一名好校长的决心。看着眼前的孩子们是那么天真无邪，王琦想，每个孩子的未来都是不可限量的，作为一名老师，应该责无旁贷地给他们以心灵上的启迪和人生道路上的指引。

在王琦担任曾家岩小学校长的八年里，曾家岩小学的办学规模和办学质量依然稳中有升。1960年，王琦调到市中区民办师范学校当校长。刚接到调令的王琦，还有些不理解，毕竟自己已经在曾家岩小学工作了八年，早已经把曾家岩小学当作自己的家了，这里的每一位老师，每一个同学，甚至校园里的一草一木，王琦都是那样的熟悉。

王琦还记得负责人事调动的胡老师专门找自己谈话时的
情景。胡老师说："你在曾家岩小学已经工作了整整八年，
已经形成了一套自己的教学体系，但是教育不应该固守模
板，它需要不断进步和创新，需要输入新鲜的血液。这次组
织上派你去市中区民办师范学校，一是为了帮助那边学校发
展，二是为了让你在那边吸收一些新的知识，这样才能使教
学焕发生机。我知道你对曾家岩小学的感情很深，如果实在
舍不得，两年之后，你还可以选择回来。"

王琦校长

八年的光阴，在曾家岩小学工作时的一切都那么让人记
忆深刻。虽有万般不舍，但王琦还是听从了组织的安排，带
着学习的心态去了新的学校。

在师范学校工作的两年时间里，王琦过得很充实，不仅要上课，还要教研学习。一直支
撑着王琦努力前行的，除了记忆中曾家岩小学的样子，还有一直陪伴着他的写在笔记本封面
上的那八个字：启蒙养正，明诚立人。这既是曾家岩小学的办学理念，也是王琦平时生活学
习所坚持的信念。这期间，王琦总结创造出了一套自己的教学方法：启发式教学。这套教学
方法更加注重培养学生的想象力，给学生以启迪。启发式教学既能让学生更加轻松地记住知
识，也能增加老师和学生之间的互动。

1962年，王琦调回了曾家岩小学。学校还是记忆中的模样，在校园里那棵黄桷树下，满
怀激动和期待心情的他不禁想起了上次离开学校时的依依不舍。如今，他又可以将这两年摸
索和总结出来的全新教研成果献给曾家岩小学的学子们了。

此后，王琦更加注重对孩子们的思维启发，主张学校对学生采用启发式教学，培养学生
良好的学习习惯和思维方式。同时开展学生互助，学优生和学困生一起学习、共同进步，形
成良好、友善的学习氛围，不仅注重提升学生的成绩，更注重塑造孩子们的人格品质。

时隔多年，当年的学生回忆说：王校长上课的时候很有趣，课堂的气氛很活跃。尤其是
上到有关植物方面的内容时，王校长总是将学生们带到校园里面，看到什么植物就和学生们

王琦校长和家人在一起

讲述有关的植物知识。有一次他们正好上到有关青蛙的课，王琦老师不知道从哪里抓来了一只小蝌蚪，装在瓶子里，放在教室的讲台上，让学生们观察瓶子里的小蝌蚪一天天的变化。于是学生们看着小蝌蚪从只有一条小尾巴，变到了有四条腿，最后小尾巴消失了，变成了小青蛙。目睹了这一切的学生们很兴奋，纷纷想要自己抓一只小蝌蚪来养，但是王琦老师严肃地对学生说："老师不反对你们养小蝌蚪，但是你们养的时候要先问自己一些问题。第一，你们会养小蝌蚪吗？第二，你们知道小蝌蚪需要吃什么吗？第三，你们觉得有信心把小蝌蚪养活吗？如果这三个问题你们没有办法回答的话，老师觉得你们还是先不要养了。因为如果你们没有掌握正确的方法就来养的话，对小蝌蚪来说是一种很大的伤害，我们养它的同时也代表了它要离开自己的父母。同学们都很喜欢和父母待在一起，小蝌蚪也是一样，你们也不忍心让小蝌蚪难受吧。"听完王琦老师的话，学生们纷纷放弃了养小蝌蚪的想法。

一所学校犹如一艘航行在大海中的船，每一任校长都是一段新航程的舵手。王琦用他的启发式教学法，将学校的教育品质提升到了一个新的阶段。

1972年，重新回到曾家岩小学任课的王琦，又带着满腔的热血和激情投入到了工作中。王琦的"启发式教学"在这几年的时间里，经过不断地磨合实践，已经形成了比较系统的教学体系。据王琦的学生回忆，当时王老师在上课的时候，十分重视学生们的想法，在讲一道题前，都是先让学生们说自己的思路，然后再说哪些思路是不对的，错在哪里。而且每次在讲一道难题的时候，王老师总是会出各种类型的题，让学生们来做，然后找出一个答题的模式。这样让学生自己总结答题模板，可以充分激发学生的创造力，使得许多学生的成绩提升了不少。

1976年，王琦调任菜园坝小学任书记。1978年，为了发展和适应当时教育的需求，王琦带着他"启发式教学法"和专业的教学态度，调到两路口小学任职，一直兢兢业业、任劳任怨地工作着，直至退休。

撰稿：李开云

16.
牢记来路行更远

人格魅力无关乎外貌、无关乎金钱、无关乎背景。孟子曰："爱人者，人恒爱之；敬人者，人恒敬之。"要想做事，首先应学会做人，人格魅力的大小在很大程度上影响着一个人的事业能否取得长远发展。

陈显明到曾家岩小学任校长后，主持修建了教职工宿舍，在如何分配的问题上，陈显明充分显示出了其高尚的人格魅力。

那是一个平常的晚上，陈显明正在家里整理教学资料，突然门口传来了敲门声，开门一看，是刚平反回来的徐世骐老师。陈显明很高兴，因为徐世骐老师平反回来后，自己还没抽出时间来单独跟他聊聊呢。

陈显明急忙将徐世骐老师迎进房间，两人坐定之后，陈显明看着徐老师局促不安的样子，连忙问道：

陈显明校长（一排中间）

"徐老师，你这是怎么了？"

徐世骐老师搓了搓手，满脸不好意思地说："陈校长，是这样的，其实我也知道这个请求不好，但是我现在的情况实在很困难。学校这边能不能分一套房子给我？"

看着满脸不安的徐世骐老师，陈显明知道，徐世骐老师应该是实在走投无路了，才会迫不得已来找自己。徐世骐老师家里的情况，陈显明是很清楚的，他有四个孩子，挤在一套很小的房子里，一家大小六口人，根本住不下。

陈显明对着徐世骐老师笑了笑说："徐老师，你的情况我了解。咱们学校这次修房子的目的，本来也就是为了满足居住条件有困难的教职工的愿望。"

徐世骐低着头，红着脸说道："我知道，可是我……我都很多年没在学校里教书……我怕别人会说……"

陈显明说道："你没在学校教书，那也不是你本人的意愿，更何况，你被迫离开教师岗位的。房子的事情你放心吧，我会说服其他人的。"

听到这里，徐世骐心里感动万分。是啊，在离开校园的那些岁月里，自己何尝不是每时每刻都想能早日回到教学岗位上呀？

徐世骐激动地握住陈显明的手说："不好意思，麻烦你了。"陈显明轻轻拍了拍徐世骐老师的手说："不麻烦，这是你们这些老教师应该得到的，你们为学校做出了那么多的贡献，我们不会忘记。"

于是，在学校的分房会议上，陈显明提议给徐世骐老师也分一套。谁知这个建议刚一提出来，立即引起了很多争议。当时很多没有分到房子的老师都提出反对意见，说徐老师20年都没在学校工作了，为啥还要给他分房子？陈显明耐心地向那些老师解释道："没错，徐老师20年没在学校工作了，这是一个事实，不过事实的背后在于不是因为他自己不愿工作，而是组织上错待了他，在这件事上他个人有什么错呢？"见台下的老师听后若有所思，她继续说道："今天与会的很多老师都是共产党员，'有错必纠'不正是我们中国共产党人坚持'实事求是'路线的一贯方针吗？作为党员的我们难道不应该支持我们的党组织来纠正错误、拨乱反正吗？我们更不应该因为这件事情就抹杀掉徐老师之前为学校所做出的卓越贡献呀！"

当这番话传到徐世骐耳里时，徐老师当即流下了感动的泪水。

最终，陈显明成功地说服了大家，在给徐老师分房子的问题上得到了大家的投票通过。在住进新房的那一天，徐老师带着全家人专程来登门拜访陈显明以示感谢。看着孩子们满脸的笑容，陈显明抱住徐老师的小孩温柔地问："住进新房子，高兴吗？""嗯，非常高兴，新房子很好看、很大、很舒服！"

已经调离学校的老校长王琦这次也分到了一套房子。虽然已经调离了学校的工作岗位，但他们一家人依然住在学校的一间破旧的房子里。考虑到王琦曾经做过曾家岩小学的校长，为学校做出过不小的贡献，陈显明也提议并得到大家同意给他分了一套房子。不过仍然有个别人为此不服气，还写信到媒体去告状，陈显明知道后理直气壮地说："我立得端、行得正！没占学校哪怕一平方米的房子，都分给条件最困难的同志了，不管去哪里告状都没用，上面要是追究起来，责任由我一个人扛着。"

为了平复老师们的情绪，陈显明专门召集大家开了一个会。在会上，陈显明对老师们说："你们可能都不知道王琦老师的情况。王琦老师 1952 年就来我们学校教书了，后来在1960 年调到了师范学校。原本可以待在师范学校直到退休的王琦老师，两年后，却选择回到了曾家岩小学，一直工作到 1966 年。累计起来也有十多年的时间服务于我们学校，他对曾家岩小学的感情是深厚的。有些老师说，王琦老师已经调离了曾家岩小学，不应该分房子给他。但是我请你们想想，我们学校之所以有现在这样良好的局面，都是像王琦这样的老领导和老教师们一步步艰辛奋斗打下的基础。现在我们学校的情况变好了，却不管那些为学校做出贡献的老同志们，你们觉得这样做对吗？请大家相信，只有牢记来路的人，才走得远呀！"

陈显明语重心长的一席话，说得大家心服口服。在工作中，她还曾经这样说过："做人不能只按政策办事，还要讲人情、讲人性、以人为本。"学生的"德智体美劳"，教职工的"生老病死残"，都装在陈显明这个校长的心里。"一句话，这十个字我要全身心地管好。"陈显明说，"作为一名共产党员，要有这个决心和毅力。"

她是这样说的，也是这样做的。

有一次召开全体教职工大会时，陈显明细心地发现有位姓张的女老师情绪不是很高，询问了之后才知道，原来这位张老师的爱人曾是旧时军官，生活中因为这个原因一直被区别对待，最近住的房子也被收走了，只剩了两间房给全家好几口人住。听完张老师的讲述，陈显明握住她的手，用温柔而坚定的语气说道："这个事情我一定帮你讨回公道。你安心工作就好了，其他的事情让我来做。"

第二天，陈显明便找到了收走张老师房子的相关负责人，与对方据理力争，坚定维护张老师的个人利益，最终将房子要回来了，解决了张老师一家的实际居住困难。

生活在俗世里，每个人都是尘埃里的花朵，总会有属于自己的芬芳。人性中，都有芬芳的部分，我们只需借来那一缕清香，就可以点染自己的世界。只有敞开心扉，才能让自己的人格魅力焕发光彩，不仅美丽了自己，更能感染他人，让更多的人感受到生活的美好。

撰稿：邓红洁

第四章／涌进

17.
飞越天空何须留痕

"天空不留下我的痕迹，但我已飞过。"这句印度著名诗人泰戈尔的诗句，为曾家岩小学的陈映眉老师的一生做了完美的注释。

回望历史长河里我国教育事业中的杰出人物，有为传道授业解惑忙碌一生的教育大家孔子，有致力于民国教育改革的蔡元培，也有曾家岩小学那些默默无闻躬耕于教育前沿的一线老师。他们不图名利，不求回报，只顾埋头孜孜不倦地为学生传授知识、指引前路。陈映眉老师，就是这个光荣群体中的一员。

1984年，红光小学和曾家岩小学合并后，陈映眉便到了曾家岩小学任教。陈映眉老师的数学教得很好，而且上课的方式生动有趣，学生们都很喜欢，她教出的学生普遍在数学成绩上比其他学生好很多。她很喜欢数学，对数学学科有着很深的研究，她总是能解答对小学老师而言非常困难的题目。她热爱数学教学工作，常说的一句话是"没有比教数学更好的工作，也没有比数学更有趣的科目了"。每次考试之前，她总是自己为同学们编写复习资料，无论工作量多大、时间多紧，她都能编得很好。

但令人遗憾的是，陈映眉从小便患有十分严重的心脏病，身体状况不好。由于身体原因，她时常去医院看病，且每天都会吃很多药。学校的同事和学生们看在眼里，急在心里。为了帮助她减轻一些工作量，老师们会力所能及地分摊她的一些工作，班里的学生也都十分乖巧懂事，不愿让陈老师费心。每次陈映眉上课时，都有学生主动为她

陈映眉老师

倒好热水，有时陈老师忘记吃药，同学们也会按时提醒她。

有一次，陈映眉为了整理复习资料，硬是熬到了凌晨 1 点钟才洗漱睡觉。第二天一早就有课程安排的陈映眉，当天又一大早便起来备课了。

一来到学校，陈映眉就感觉自己的身体有些不太舒服，她起初没太在意。课讲到一半时，她的心脏开始隐隐地抽痛起来，虽然她极力表现出镇定，但同学们也明显感到陈老师脸色越来越苍白。大家都揪着一颗心，生怕出什么意外。

不一会儿，陈映眉突然感到一阵剧烈的疼痛，实在没办法再坚持讲课了，只好停了下来。看到陈老师一只手不断揉着心脏的位置，一只手撑在桌上，连站立都显得十分困难，同学们紧张极了。教室里鸦雀无声，有些学生甚至不由自主地屏住了呼吸，都睁大了眼睛看着陈老师。

就这样停了一会儿，等疼痛状况稍微缓解一点后，陈映眉拿起粉笔，准备继续讲课。哪知这时，班里的同学竟都全部齐刷刷地站起来异口同声地说："陈老师，您休息一下吧！""陈老师，去吃药吧，别讲了！"陈映眉有些吃惊，她转过身来看着班上的同学，在那一张张稚嫩的脸上，此刻无不挂满了焦急与关切。她眼眶有些湿润了，深深地吸了一口气，终于放下手里的粉笔坐了下来："好！老师听你们的！"

说罢，陈映眉在包里翻出药瓶，接过班里的同学匆匆跑去倒好的温水，就着水把药吞了下去。好几颗药丸一齐吞入，苦味透过舌尖传来，陈映眉看着水杯里的温水，却感觉这药好甜好甜。

缓了一阵之后，陈映眉感觉刚刚消失的力气，慢慢又回到了自己身上，她悄悄握紧了一下手指，似乎是在提醒和鼓励自己努力珍惜在讲台上的时光。"病痛并不可怕，绝望才是走向死亡的根源。"陈映眉站了起来，"谢谢同学们，让我的人生充满了希望。俄罗斯作曲家谢德林说：'世界上有不少痛苦，然而最大的痛苦是：想从黑暗奔向激动人心灵而又不可理解的光明时，那些无力的挣扎所带来的痛苦。'老师希望你们以后面对一切痛苦时，放弃那些无谓的挣扎，通过痛苦，得到欢乐。"学生们虽说听得似懂非懂，却也都红着眼眶，坚定地点了点头。

后来她被调去当教导主任，工作内容便更多地侧重于教学上的指导。但调到新的岗位后，陈映眉老师工作起来依旧很拼命，即使心脏病已经非常严重了，她也从来不请假，每次身体不适，也是去吃了药就马上回来上班，从不因为自己的病痛而退缩半分。有时候陈映眉忙起来，连中午都不回家，一直坐在办公室里工作。老师们都记得陈映眉自己在学校弄了一个煤油炉子，中午就自己煮点面条吃，这一切都是为了节省一点时间出来工作。

由于性格友善坚韧，工作又刻苦努力，陈映眉得到了大家一致的赞扬和佩服，每逢她讲课时都会有老师前去旁听和学习。学校里的老师都说陈映眉老师既在教学水平方面有很高的造诣，又能做到带病上阵坚持工作，堪称教师队伍中的楷模，值得每一位老师学习。

陈映眉的身体状况每况愈下，她的家人看着她日渐消瘦，非常担心。

有一次陈映眉批改学生试卷，竟然晚上 11 点过后才从学校回家，陈映眉的母亲实在心疼，劝她说："小眉啊，别教书了，换个轻松点的工作吧！这样辛苦下去不是个办法，你看你，都瘦成什么样了！不工作也行，回家吧，爸爸妈妈有退休工资，养你一辈子都没问题。"母亲边说着，边握住陈映眉纤细的手，轻柔地抚摸着。"妈，你知道我离不开学生的。"陈映眉不敢直视母亲的眼睛，像个做错事的小孩一样低下了头。

"好吧，好吧，就由你！妈知道你离不开你的工作，更离不开学生，妈就是心疼你呀。"母亲抽开手，用手背抹了抹眼泪，长长地叹了口气。陈映眉忍不住抬头看向母亲，母亲头上的白发愈加增多了，脸上的皱纹也愈加明显，此刻母亲眼眶通红，眼里含着泪，陈映眉也跟着哭了。她紧紧抱住母亲："妈，对不起！从出生以来就没少让你们操心，对不起！"

陈映眉老师追悼会

陈映眉知道，自己的身体不好，父母比自己更加难受。这段时间以来，陈映眉比以往更加频繁地出入医院，明明只有几个月时间，父母却仿佛老了十岁。父亲看着母女俩抱头哭泣，也在一旁含泪说道："映眉啊，做自己喜欢的事，我们不会阻止你，可是你一定得注意身体，行吗？"陈映眉憋住哭声说："嗯！我会的，爸！"

此后陈映眉依然每天坚持上班。她以身作则，践行着曾家岩小学"作圣启蒙，真教善导"的教风，在岗位上恪尽职守，既教书授课培养优秀的学生，又以自身的行动感召着周围的老师和学生。

可惜天妒英才，在陈映眉老师48岁的时候，因心脏病突发，在送医途中不幸离世。"落红本是无情物，化作春泥更护花"，陈映眉老师在教育岗位上战斗到了最后一刻，这让周围每个人都无不为之动容。她以带病之身坚持为学生、为学校、为教育事业默默奉献，无疑成了曾家岩小学精神的外化体现和代表性人物。

"春蚕到死丝方尽，蜡炬成灰泪始干"，千百年来，人们都以这两句诗来咏唱老师的奉献精神。陈映眉老师无私奉献，勇担责任，坚守自己的内心并且毫不动摇的优秀事迹，既在曾家岩小学的发展历程中写下了浓墨重彩的一笔，也极大地激励着曾家岩小学的其他成员奋发前进。

撰稿：李开云

18.
人造卫星不是扁担捅上去的

作为教师，最值得欣慰的莫过于若干年过去了，依然有学生记得老师当年对他的教育之恩、培养之情。

1992 年 1 月，55 岁的陈显明退休了。"公退清闲如致仕"，退休后的陈显明静享岁月安宁，也时常外出游玩。在旅途中，她见识过"采菊东篱下，悠然见南山"的闲适，也见识过"大漠孤烟直，长河落日圆"的壮阔。可她每每见此美景，仍旧会时常回想起在曾家岩小学的日子，牵挂着曾家岩小学的发展。她盼望着有朝一日，曾家岩小学的莘莘学子也能从书本里抬起头来，亲自去感受这份闲适、这份壮阔。这是一份如母亲牵挂孩子一般的思念和期盼。

一次，以前的一名学生宇荣全（化名）专门开着车带陈显明去南山游玩。陈显明看他戴着名表、开着名车，笑盈盈地说："你现在很不错啊！"宇荣全不好意思地摸了摸脑袋，年纪虽不小了但在老师面前却俨然还是一副小孩的模样："陈老师，要不是当年您亲自跑到我家来，把逃课的我重新拉回学校学习，我后来可能连工作都找不到呢，哪儿还能过上现在这样的好日子呀。"陈显明年纪大了，很多事情不再像年轻时记得那么准确，她回忆了半晌，当时发生的那一幕幕才在脑中逐渐清晰起来。

那个时候大多数学生家里都很穷，父母忙着赚取一点微薄的生活费，顾不上管理孩子的学业，所以经常有大把的学生逃课。为了制止这种情况，只要一有学生逃课，陈显明就会去逃课学生家中家访。如果早上有人逃课，下午她就去家访，如果下午有人逃课，她就第二天上午去家访，非把逃课的学生"捉"回来上课才肯罢休。

宇荣全当年住在河边，家里非常穷，他爸爸是运输队的，由于工作繁忙经常不在家中。

陈显明去他家做家访的时候，看到他家的房子竟然就是一个简易的窝棚，唯一能遮风避雨的棚顶上堆砌着的枯黄杂草也千疮百孔，一阵风吹过，不停有草屑零零碎碎地掉落下来。棚子中间摆放着一块简陋的木板，上面铺着薄薄的、脏兮兮的棉被，就当作床来使用。宇荣全的妈妈没有工作，陈显明进屋时，她正给孩子做饭，家里有五个孩子，最小的一个居然在黑黢黢的地面上爬行着。宇荣全年纪稍大一些，正不停地照顾着几个弟弟妹妹，虽然十分尽力，却依旧是手忙脚乱。

陈显明到过很多学生家里做家访，学生们家里的条件大都比较差。但乍一看到这个画面时，她还是被深深地震撼到了。她快步走过去抱起地上的小孩，轻轻地将他放在简陋的床上，而后对宇荣全的妈妈说："其他什么都不说了，你叫荣全来上课，不要让他逃学。好不容易有机会来学校上课，你一定要让他来上课，这样将来的生活才会有希望。"听到了她那熟悉的声音，宇荣全这才从忙乱之中抬起了头："您来了，陈校长！"他看到陈校长的头发有些凌乱，脸颊上满是汗珠，一看就是急匆匆赶来的。

宇荣全的母亲跟陈显明打了声招呼，却又放不下手里的锅铲，就让宇荣全去给陈显明倒杯水喝。宇荣全赶紧拿了茶杯准备去倒水，可杯子实在有些脏，他拿袖子擦了又擦，终是不敢去接水。陈显明没有忽视这个细节，"没事儿，让我来。"她过去握了握宇荣全微微发抖的手，拿过杯子来，盛了满满一杯，毫不犹豫地一饮而尽。"荣全，来上课吧。高尔基说'你知道得越多，你就越有力量'，你学到的知识越多，将来越有能力改善你家里的条件，相信我！"陈显明慈爱地摸了摸宇荣全的脑袋，将手里的茶杯递给他，转身离去了。

宇荣全握着手里的茶杯，看着陈校长单薄的背影渐行渐远，心中似有五味杂陈，难以言说，不禁大声喊道："谢谢陈校长！我明天就回去上课！"陈显明脚步顿了顿，回头冲宇荣全笑笑，又向前走去。途中，陈显明感慨良多：不是孩子不愿意读书，而是在这样的条件下，孩子怎么能安心读书？第二天，宇荣全准时回到了学校，陈显明很欣慰，也很感慨，那天她在课堂上专门给学生说道："你们要相信知识就是力量，人造卫星不是扁担捅上去的。没有文化没有知识，你们拿什么去让家人过上好日子，更别说去建设祖国、保卫祖国了！"之后，"人造卫星不是扁担捅上去的"这句话就成了学生们口口相传的劝学经典语录。从那以后，也很少有学生再逃课了。

宇荣全非常努力地学习着，丝毫不敢怠慢，在学习过程中，他深刻地理解了知识的力量，并巧妙地运用自己的所学于此后的工作里，最终获得了事业上的成功。在拥有了足够的经济能力后，他毫不犹豫地拿出 20 万元在他当知青时所在队上修了一所希望小学。在得知一个同学的家人得了心脏病没钱住院时，他也慷慨解囊。每每提及这些事，宇荣全都会说这都是受到了陈校长潜移默化的影响，如今才会乐善好施，保持一颗感恩和仁爱之心。

在南山赏花时，宇荣全对陈显明老师说："我现在能获得一定的成绩，也都是深受老师您的影响。一个人只要奋斗、努力、坚持不懈，就一定有希望。此外，您说的那句'人造卫星不是扁担捅上去的'，我一辈子都记得。"陈显明看着宇荣全真挚的双眼，露出了欣慰的笑容。想起当年每天去家访，来来回回那么辛苦，但如今看着一批又一批学生拥有了各自美满的人生，她觉得当时做的这一切都是值得的。

有时候老师的一句话，可能会影响学生一辈子，这是做老师的责任和使命，也是做老师的价值和意义。"当老师的，只有学生有出息了，心里才会觉得宽慰。"这是陈显明的退休感言，也是陈显明坚持了一辈子的座右铭。

从进入曾家岩小学至退休，陈显明老师始终不忘初心，砥砺奋进，遵循曾家岩小学"启蒙养正　明诚立人"的办学宗旨，引领着一批又一批的学生成为对社会有用的优秀人才。她代表着曾家岩小学的精神，也将永远被曾家岩小学的师生们所铭记。

撰稿：李开云

19.
三万元与学文书屋

"知识欲的目的是真；道德欲的目的是善；美欲的目的是美。"日本学者黑田鹏信曾说过的这句话，与百年老校曾家岩小学一直践行的"曾家岩的童年，真善美的起点"办学宗旨不谋而合。

走进今天的曾家岩小学，在校园的一角，你会看到安静的矗立着一间名为"学文书屋"的阅览室。里面干净整洁，优雅舒适，每一块地板都被擦得铮亮，每一排书都被排放得整整齐齐，每一个前来阅读的小学生都聚精会神。

"学文"二字的背后，有着一段不为人知的往事，一个不煽情但却足够感人的真实故事。这个故事的主角，就是没有读过一天书、没有上过一天学，但却身体力行创造和传递真善美的普通教工陈学文。

陈学文教工

学文书屋

陈学文是学校食堂的一名普通职工，跟大多数平凡的人一样，他没有什么远大的理想，只求踏踏实实把工作做好，妻子儿子健康平安。一家人住在学校临时搭建的一个小偏房里。

然而天有不测风云，妻子突然出走，从此他和儿子相依为命。儿子成了他的精神支柱，也成了他活下去的唯一希望。陈学文既当爹又当妈，好不容易将儿子拉扯长大，谁知儿子成年之后竟然也突发疾病，不治身亡。

儿子的去世犹如晴天霹雳，彻底击垮了这个老实敦厚的中年男人。对他来说，活下去的唯一支柱也轰然坍塌。面对生活给他的一次又一次的重击，陈学文欲哭无泪："苍天，你为什么这样对我？我到底做错了什么？"

妻子没了，儿子没了，剩下他孤身一人，就等于家没了。更让他感到悲哀的是，为了给儿子治病，原本就没什么积蓄的陈学文早就一贫如洗，儿子这一走，他连儿子的葬礼都已经拿不出钱来筹办。中国人崇尚"入土为安"，而他这个做父亲的，却无钱让儿子安葬。人生的绝望和悲苦，莫过如此。

得知消息的陈显明校长，当即找到陈学文，拉着他的手，含着热泪说道："家没了，还有学校，还有组织！"

在陈显明的号召下，曾家岩小学的全校师生立即行动起来，开展了一场轰轰烈烈的爱心行动。大家不分贫富，不分多少，纷纷献出自己的一片爱心。你一元，他两元，很快，涓涓细流汇成爱心的海洋。学校一个已经退休的老教师，得知陈学文的情况后，竟然将自己买药的钱都捐了出来；一个小学生将平日里积攒起来的二十多枚一角的硬币也捐了出来……当陈校长将一沓零钱交给陈学文的时候，陈学文颤抖着双手，一股巨大的暖流流遍他的全身：自己只不过是学校一个打工的人，在亲人们都离他而去自己最需要帮助的时候，学校的关爱让他感到了人间的温暖。

更让陈学文感动的是，师生们不但凑钱捐物，学校还组织教职工帮忙筹备葬礼。有的老师白天忙着上课，晚上还要赶去葬礼上帮忙张罗；有的老师为了筹备葬礼好几天都没有合眼，可是大家从头到尾没有一句怨言。

不善言辞的陈学文将这一切都看在了眼里，也记在了心上。妻子和儿子的相继离开，让他感受到了人生的冷酷寒冬，而老师和同学们的帮助，则让他看到了未来生活的阳光。

改变一个人最好的方式不是教育，而是感化。曾家岩小学的师生用实际行动，诠释了教育的本质。

原本已死去的心，在爱的沐浴下，又活了过来。陈学文暗暗下定决心，今后一定要振作起来好好生活，绝不能辜负好心人对他的关心和帮助。

葬礼过后，陈学文一边继续在曾家岩小学工作，一边照顾年幼的小孙女。在学校工作了三十多年的陈学文，有一间属于自己的小宿舍，虽然简单，但对他来说这里能够遮风挡雨就已经足够了。原本自己的小家没了，陈学文现在觉得，自己还拥有学校这个大家。学校的一砖一瓦，一草一木，他都铭记在心。陈学文虽然并不懂得"启蒙养正　明诚立人"的深刻含义，但课堂上朗朗的读书声，课堂下欢快的嬉笑声，陈学文早已百听不厌，沉醉其中。

为了适应发展，不久，学校决定对校舍进行改建，拆掉旧房，建设新房，陈学文的那一间栖身的小屋也在被拆迁之列。这间小屋是学校提供给他免费住的，现在要拆迁了，他自然应该搬走。

但是让陈学文没有想到的是，学校考虑到他的实际情况，竟然给了他三万元补偿金。在20世纪90年代，三万元是一笔不小的数目。得知这个消息，陈学文一再推脱，学校对他已经够好了，怎么能接受这笔钱呢？陈显明校长诚恳地说，这不仅仅是她一个人的意见，也是全体师生的意见，学校就应该是一个团结的集体，一方有难，八方支援，只有这样，才能共同发展，共同进步。听了陈校长的话，陈学文只好收下了这笔钱。

命运好像故意跟他作对。刚拿到这三万元钱不久，陈学文就被检查出患了不治之症，这对于他来说，简直就是晴天霹雳。

"老天啊，我为什么这么命苦？"刚刚得知消息的他深感无法接受，然而短暂的悲痛后他自知怨天尤人不能解决任何问题，冷静下来的陈学文拿着一纸薄薄的检查单和学校补贴的厚厚的一沓钱，思绪万千。是学校给了他生活的基础，给了他一个家，现在，别说三万元，就是三百万元也治不好自己的病了，那么这钱对于自己来说，又有什么意义呢？与其这样，还不如在生命的最后时刻做一些有意义的事。

　　思前想后，陈学文决定把这笔钱全部捐给学校购买图书，让学生们获取到更多的知识。自己虽然没有读过书，但在曾家岩小学工作这么多年，他深知知识的重要性，这样做也算是尽自己所能去回报曾经帮助过自己的好心人吧。做完这个决定后，陈学文觉得一身轻松，他从内心深处感到了前所未有的愉悦。他在这一刻里，看到了生命的不平凡。

　　陈显明得知他的这个决定后很感动。但她也知道，这笔钱对于陈学文和他的小孙女来说都十分重要。于是她找到陈学文，劝他收下这笔钱，但陈学文摆摆手，坚持要全部捐出："我这病肯定是没治了，我想通了，钱嘛，生不带来死不带去的，人活一辈子，总得为这个世界留下一点什么。所以，我生前这最后一点小小的心愿，请学校无论如何帮我完成，能够为教育做一点事情，我这辈子也算是活得值了。"见陈学文如此真诚，陈显明也不好再说什么，收下了这笔意义非凡的钱。

　　没多久，陈学文就去世了，学校为他举办了朴素而隆重的葬礼。当天，在场的很多老师和同学都哭了。虽然陈学文不是教师，也没有上过一天学，更不曾以言传的形式向学生和老师们传授过什么知识，但他用无私的奉献精神，用自己的所作所为诠释着曾家岩小学"启蒙养正　明诚立人"的理念。后来，陈显明校长把这三万元钱分成了三部分：一万元给了陈学文的一个亲戚，这个亲戚在陈学文生病期间，曾对他精心照料，也算是尽心尽力；一万元留给了他的孙女作为教育基金；剩下的一万元则按照陈学文生前的遗愿，买了图书，并建成了一个阅览室，取名为"学文书屋"。

　　陈学文走了，但他的精神却永远留在了这间书屋，每次路过"学文书屋"时，看着里面琳琅满目的图书，看着孩子阅读时幸福的微笑，已经年逾八旬的陈显明常常忍不住感叹："人啊，心系的都是这一份情！"

　　周国平说，人生最低的境界是平凡，其次是超凡脱俗，最高是返璞归真的平凡。三万元的过往，看到了组织的力量，触到了集体的温度，更道出了个人的意志，这是曾家岩小学全体师生们所一直崇尚的真善美的最好榜样。

撰稿：李开云

20.

学习互助伴终生

"曾家岩的童年，真善美的起点。"多少年来，曾家岩小学一直贯彻这样的办学宗旨，为千千万万个小学生带去了美好的童年时光，为他们的人生打下了坚实的基础。尤其是曾任曾家岩小学校长的陶绍忠创立的"学习互助小组"教学法，让很多学生受益匪浅。

稻盛和夫在他的经营哲学中，不止一次地强调"助人"的重要性。他说，一个人要想取得事业和人生持续的成功，有两个条件：第一你先要做一个好人，第二就是你必须付出不亚于任何人的努力。这样就会实现自助人助天助，你自身的潜力可以充分得以发挥、你周围的人由衷地支持你，你的成功将不可阻挡。

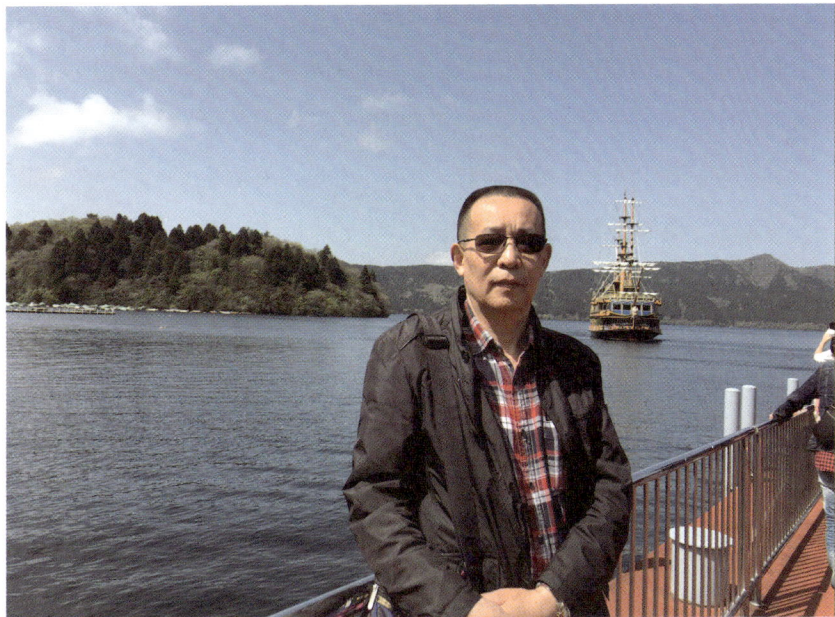

何开文

互助，是人类的优秀品质之一。动物们可以去拼杀，可以优胜劣汰，但是人类不一样。人类有思想，有感情，会去帮助弱势的一方，会有恻隐之心，会互帮互助地活下去。尤其是在教学过程中，如果这种帮助能够让彼此提高，那么由此产生的力量将不可估量。陶绍忠深知这一"秘方"，并把它用于曾家岩小学的教学实践过程中。

歼 10 战斗机、神州宇宙飞船系列……这些凝聚着我国科技工作者心血和汗水的国防重器，作用巨大。就是在这些顶尖级的国防科研设备中，也有从曾家岩小学培养出来的学子的贡献。何开文就是这样一位从曾家岩小学走出去的国防事业精英。

1952 年，何开文出生于重庆一普通工人家庭。他 5 岁时，他的哥哥进入曾家岩小学读一年级，当时曾家岩小学是市中区（今渝中区）比较知名的学校之一，受到区教育部门的高度关注，在重庆市民心中是一所非常好的小学。5 岁，正是对世界充满好奇、求知欲旺盛的年纪。哥哥每天回来都会给他讲一些在学校的见闻，让小小年纪的何开文充满了对学校的向往。有一天，哥哥放学回家后满脸不高兴。原来，他今天在学校受到批评了，原因是没带语文课本，可他明明清楚地记得前一天晚上放在了书包里。哥哥带着困惑回到家后，却看见 5 岁的弟弟正抱着他的语文课本看得津津有味，这才恍然大悟：原来是被这个小家伙偷偷拿走了！哥哥向何开文讲述的学校的情景以及语文课本上的内容，为何开文打开了通向知识世界的大门。

1960 年，达到入学年龄的何开文背着小书包，跟哥哥一样，终于来到了向往已久的曾家岩小学读书。他的班主任就是陶绍忠，数学老师是聂美年。今天，何开文依然记得当年入读曾家岩小学时的情景。当时学校门口有个巷道，一进校门就是一个很大的操场，在那里每周一会举行升旗仪式。操场尽头是一排教室，教室另一侧还有两个面积较小的中型操场，主要用于学生们平时进行课间活动。在中型操场的另一面还有一排教室。学校为了平衡学生因年龄差距存在的体能差异，将低年级学生安排在离校门比较近的那排教室。

在学校，除了学到扎实而丰富的书本知识之外，更重要的是，学校传授给了他们很多书本上无法学到的知识。当时班里成立了"学习互助小组"，由班主任陶绍忠根据学生们的实际情况进行分组。每个组的学生都在不同方面有各自的长处，成绩好的学生将自己的学习方法分享给学困生，同时反过来会向他们学习其他方面的优点，大家取长补短、团结互助，达到共同进步的目的。

何开文的学习成绩很好，他也因此成了"学习互助小组"中的"小小老师"。在他这个小组中，他帮助过很多学困生，但是在这个小组中，有一个学困生的围棋水平很高，何开文就拜了那个学困生为"围棋老师"。

课堂上，有老师们兢兢业业地教学；课堂下，有学生们自由选择的"学习互助小组"。这使学生们既感受到了助人为乐的高尚品质，又尝到了学习的真正乐趣，真正做到了"寓教于乐"，而"乐学乐行　自然自在"也正是曾家岩小学多年来一直倡导的学风。

何开文校友

曾家岩小学深知，学校要培养的不仅是一群成绩好的学生，也是一群品质高尚的学生。让他们从小懂得仁爱，懂得互助，懂得从助人中领略到人生的快乐和意义，这样的教育才会让他们一生受益。

在陶绍忠校长"学习互助小组"的倡导与实践下，学生们的学习热情空前高涨。学习成绩差的同学也不因为自己是学困生就自卑，因为成绩差的同学往往在其他方面有着自己独有的天赋。

正是在这样的情况下，曾家岩小学的课外兴趣小组得以飞速发展，围棋、乒乓球、羽毛球、军棋等活动，让很多同学都感受到了兴趣小组的快乐。戴尔·卡耐基说，你兴趣所在的地方，就是你能力所在的地方。兴趣是最好的老师，一个有广泛兴趣的人，自然会有勃勃生机。

渐渐地，同学之间的互相切磋与学习已经不能满足何开文对围棋技艺的强烈渴求了。

1965 年，五年级的何开文进入围棋学校学习，上午在曾家岩小学上课，下午就到围棋学校去学围棋，学了整整一年。

就当时整个曾家岩小学而言，已经形成了学习围棋的浓厚氛围。何开文所在的班级去学围棋的大概就有二十人，围棋老师在给他们讲解围棋规则时也会分析一些围棋历史及现状。作为围棋发源地的中国，当时围棋水平却不如邻国，这给年幼的何开文留下了极深刻的印象，他当时对围棋十分入迷，几乎废寝忘食，一心想着练好围棋为国争光。

如果不出意外，何开文应该会进入围棋学院，或许还能成为国手。然而世事变幻无常，何开文在小学毕业后并没有进一步学习围棋，不过下围棋也成为伴随他一生的兴趣爱好。

时间飞逝，何开文在曾家岩小学的求学时光眨眼间就成了回忆。但他在小学启蒙教育阶段养成的学习习惯及生活方式却影响着他的一生。值得一提的是，班主任陶绍忠老师对他的影响特别大。陶老师教育方法严谨却又不失灵活，十分有利于培养学生良好的学习习惯和思维方式。

当时陶绍忠要求学生们用没有田字格也没有画线的白纸写作文，学生们字不能写歪，也不能有涂改。在一开始的时候，这样的要求难倒了不少学生。有学生问陶老师："现在不是有田字格作业本卖么，咱买一个那样的本子写作文就行了，为啥非要用没有格子的本子写作文呢？"陶老师笑着解释道："字如其人，写字就要严谨，一笔一画，规规矩矩，不能有半点马虎，养成用白纸来写作文的习惯更能够把字练好。"如此严谨的训练，让何开文从小就懂得做事情一定要认真，要细致，不能有投机取巧的想法。这种好习惯的养成，对他日后从事高精尖的科技工作大有裨益。陶绍忠身体并不好，经常带病讲课，但从不会耽误教学进度。有着这种敬业又严谨的治学态度，陶老师便成了何开文一生学习的楷模。

1966 年，何开文从曾家岩小学毕业，当时有几个直升外语校的名额，其中就有何开文。然而因为"文化大革命"，各地学校停办，何开文最终没能进入外语校读初中。虽然没有在学校接受教育，但何开文也从未停止过自学。他特别喜欢看名著，正好他母亲又是公交公司图书室的管理员，所以有了比同龄人更多的看书机会。在公交公司的图书室里，何开文读完了《红楼梦》《三国》《水浒》《红与黑》等国内外名著。除了看文学名著，他还找一些习题来做。他对数学有着浓厚的兴趣，常常为了画一张图、解一道题而废寝忘食，这种学习和钻研专研的劲头一直伴随着他此后的人生。

回顾过去，何开文无比感激在曾家岩小学读书的时光。就是在那段启蒙开智的时光里，老师们的教育行为和教育态度改变了何开文的一生。老师不仅仅传授课本内的知识，还拓展了其他的教学内容，让他的思维得到了更大的发展；老师们严谨不苟的治学态度，也影响着他从事金属材料研究工作的职业生涯。

俞敏洪说，即使在现代到处都有欺骗的社会，人们依然欣赏诚信、善良、乐于助人、开朗、有团队合作精神的人。曾家岩小学深谙教育之道，高瞻远瞩，让"乐学乐行 自然自在"的学风与"求真 至善 尚美"的校训完美交融、浑然一体。

撰稿：邓红洁

21.

真教善导　作圣启蒙

一所优秀的学校，在于它有一个能够看见未来的领导和一群优秀的老师。

毕业于曾家岩小学、现在四川大学任教的赖新龙老师说，他今天的成就，得益于在小学阶段遇到的优秀老师对他的教导。

赖新龙就读曾家岩小学期间，整个学校的师资力量十分雄厚，很多老师都是在当时重庆教育界首屈一指的人物。王琦是校长，聂美年、周朝富老师教数学，贺老师教自然，邱老师教地理，年轻的朱老师是大队辅导员，何老师教音乐，都是非常优秀的老师。其中，后来担任了重庆市市中区教委副主任的聂美年老师的数学概念、公式、运算、定律讲得都非常清楚、易懂，给人留下了极为深刻的印象。

优秀的师资力量，汇集了各种优秀的教学方法，让曾家岩小学的学生们受益匪浅。而这些独特的教学方法体现在了教学过程中的方方面面。

例如作业本比赛。为了响应国家政策，曾家岩小学适当地调整了学校的课程设置。当时学生的学习课程相对较少，所以作业并不多，但是赖新龙总是完成得很认真。曾家岩小学经常举行作业本比赛，写得干净整洁的作业本会被拿出来展览，还要保证不出差错，争取得满分。为了得到这一难得的荣誉，学生们写作业时都特别认真。赖新龙直到现在仍然保留着几本以前的作业本，虽然纸面有些泛黄了，但是依然平整，看得出来他对这些作业本的珍惜。每次翻开它们的时候，赖新龙都会感叹："真的是每一页都看得出来进步和成长！"作业本上老师的评语，字里行间无不渗透了老师的良苦用心，细致的评改，全面地总结，仿佛让学生们看见了老师当年在深夜里批改作业的辛勤身影。

又比如分组自习。虽然当时物质生活很贫乏，但是在学校里同学之间的感情却很真挚，

赖新龙校友

同学们各自也都怀着对学习的一腔热忱。

赖新龙回忆说，在他三四年级的时候，由于学校学生太多，教室又不够，不能全日制上课，只能分批上课且上半天课，上完半天课之后同学们就组成学习小组进行自习。

班长刘光荣就是和赖新龙一个学习小组的，他家里地方比较宽，上完课后同组的七八个人就到他家去学习，大家都是自主学习。那时大家的学习热情很是高涨，按常理说七八个小学生聚在一起很难控制住想玩的心情，但是他们却做到了。一到刘光荣家，他们就自己找地方做自己的作业，等作业做完之后，他们还会对当天的学习内容进行复习并对第二天要学的内容进行预习。

虽然大家都是同一个班级的同学，但是每个人的专长都不一样，所以在学习上遇到什么问题的时候，就会让会做的同学来讲解。这样下来大家的知识得到了巩固提升，同时同学之间的感情也变得更好了。当时赖新龙所在年级的老师陈德玉每次放学后就到各个学习小组巡视，检查同学们的学习情况，并帮助大家解决一些学习上的难题。

这种情况一直持续到了五六年级时，直到赖新龙他们那一届马上要考中学了，学校才恢复了全日制上课。深厚的同学情一直延续到了今天，赖新龙时常邀请老同学们来自己家里小聚，大家一起聊天叙旧，畅谈往事。

当一个人穿过岁月的间隔，跨过时间的河流回顾往昔的时候，所能忆起的并不总是光芒四射的时刻，而往往是起初的一些片段。

回想起在曾家岩小学所受到的教育，赖新龙仍然满心感激。他说，自己能取得今天的成就，小学时打下的良好的基础功不可没，整个小学的教育对我来说非常重要，老师的引导让我对知识产生了强烈的渴求和好奇，从那时起读书就成了伴随我一生的兴趣爱好。追忆过往，从1960年入读曾家岩小学，到1966年从学校毕业，那一段时光，足以铺就他人生的底色。

赖新龙的父亲是一位高级园艺工程师，被誉为"果树大王"。由于父亲酷爱学习，赖新龙从小耳濡目染，很自然地也喜爱上了学习。

凭借浓厚的学习兴趣和认真的学习态度，赖新龙在曾家岩小学就读期间成绩优异，表现出众。当时学校一个年级就有6个班，每班50人左右，赖新龙四五年级时就从数量众多的学生当中脱颖而出成了大队委，六年级时更担任了大队长的职务。

那时，学校开设了语文、数学、历史、地理、自然等多门课程，赖新龙的语文和数学成绩更显优异。学校里的多数老师是从中等师范学校毕业的，学生们对老师都很尊敬。而在所有老师中，赖新龙对班里的语文老师兼班主任——陈德玉老师印象尤为深刻。

陈德玉老师要求学生写周记，周周不落。陈老师对周记的要求比较高，要求同学们尽最大努力认真地去写。赖新龙在生活中接触到了很多大学生，对大学学习生活的向往促使其学习起来特别刻苦，老师要求写的周记他不仅不会落下，而且每天还坚持课外阅读，以此扩展视野，提高写作水平。

赖新龙还记得当时他特别喜欢看《钢铁是怎样炼成的》《敌后武工队》《枪声》《红岩》之类的书籍，这些书籍对他来说很有吸引力，他经常半夜躲在被窝里，打起手电看得如痴如醉。因此他的周记也主要写一些和阅读相关的事情，例如读后感、观后感等。

　　记得有一次他写了篇《红岩》读后感的周记，陈德玉老师觉得写得很好，于是准备将这篇文章在班里朗读给大家听。当陈老师征询赖新龙的意见时，赖新龙显得有些害羞。陈老师见他有些不自信，于是轻轻拍拍他的肩膀，鼓励道："你的周记老师每次都仔细阅读过，看得出你很有写作天赋，写得也极为用心，我相信同学们也会这么认为的。好的东西就应该拿出来给大家分享，这样才能发挥它最大的作用，不然写作的意义何在呢？你说是吗？"赖新龙歪着脑袋，红着脸点了点头。

　　时至今日，赖新龙依然记得那些被老师鼓励的时光和情景：深秋时节，教学楼旁大片的树木随着秋风微微摇曳，金黄色的树叶不停飘落，似乎引着窗外的清风向教室吹拂过来，而后温柔地抚触在陈老师和同学们的脸颊上。陈老师单手拿着已被赖新龙用得有些破旧的周记本，梳理得整齐的发丝微微随风飘动，嘴里缓缓吐出柔美的声音来。她读得声情并茂，同学们也听得聚精会神。时间悄然流逝，不知不觉间陈老师已经将整篇读完。赖新龙小心翼翼地环顾四周，发现大家眼里竟都泛起了泪光。他呆呆地看着大家的反应，心脏扑通扑通地跳得极快。那一刻，赖新龙是有些激动的，他松开捏着衣角的手，悬着的心也在这时落下。

　　经此一事，赖新龙的自信心得到了极大的增强，他庆幸陈老师给他的及时鼓励。课后，陈老师对赖新龙说："如果你热爱写作、热爱阅读，就认真地去做，然后日复一日地坚持下去。你要相信，再没有比读书写作更廉价的娱乐了。郭沫若先生曾说'读一切深邃的书都应该如是：第一，要用自己的能力去理解；第二，要用自己的能力去批评'，阅读后多总结方式方法，老师相信你有机会、也有能力做

赖新龙校友

得更好。"

当时的赖新龙听得似懂非懂，只是不停地点头。经过多年的积累后，赖新龙越来越理解当初陈老师对他说的那番话，并且从中受益匪浅。"读书是易事，思索是难事，但两者缺一，便全无用处"，赖新龙遵循陈德玉老师的谆谆教诲，对阅读和写作进行不断摸索和总结，写作水平有了很大的提高。从那以后，他的作文经常被陈德玉老师作为范文在班上朗读，他的周记每次都会被陈老师点名表扬，并且很多篇都成了学校定期展示的优秀范文，供同学们学习。

陈德玉老师对周记的严格要求，让赖新龙在今后的学习和生活中都养成了很好的阅读和写作习惯。后来赖新龙考上了川大经济系，研习经济学后，他经常会写一些论文、报告之类的文章，凭借扎实的写作功底，他的文章广受好评。

现在不少家长都会送孩子参加各种各样的补习班，谈及今天常见的这样一种教育现象，赖新龙认为，其实用处不大。"小学生要在好的学校氛围、家庭环境、社会环境中熏陶，使他们的眼界开阔，思维活跃，这才是最为重要的。"比如语文的能力形成就是要靠大量的阅读，看到优美的词句记下来，然后在自己作文时加以引用。家长应有意识地去培养孩子的学习兴趣和学习习惯，再加上孩子本身的一些悟性，孩子很快就能脱颖而出。

赖新龙就读曾家岩小学期间，老师们通过实际工作中的一点一滴践行着"真教善导　作圣启蒙"的教风。当年要不是遇上陈德玉这样优秀的老师，这样及时给他鼓励的老师，这样对他循循善诱的老师，就不会有赖新龙今天所取得的成绩。

赖新龙用他的人生经历告诉我们，一个好的老师就是唤醒你内心的梦想、把你潜藏的力量发掘出来的人。

撰稿：李开云

第五章／澎湃

22.
乐学乐行　自然自在

　　"乐学乐行　自然自在。"这是曾家岩小学的学风，这种学风经过多年的积淀，如今已形成学校的特色之一。

　　在赖新龙看来，他的整个小学时期，都是"乐学乐行　自然自在"的。这体现在了教学过程的方方面面。例如各种各样的兴趣小组。曾家岩小学时常开展形式多样的活动，力求让学生们全面成长，而不是整天坐在座位上"死读书，读死书"，这一做法竟和多年以后推行的素质教育不谋而合，领导和老师教育思想的前瞻性由此可见一斑。学校开设了多种兴趣小组，有剪纸、绘画、无线电等，一周固定两节兴趣课；还组织学生养蚕、做矿石收音机等。

　　学生还要种菜、养花，学生们都沉浸其中，真是自然自在。赖新龙起初并不知道种菜会那么麻烦，以为只是简单地挖个坑，然后把种子放进去埋好就行了。深入学习之后才知道原来种菜也有那么多学问。比如土壤的选择，不是随便什么土壤都可以种菜的；比如施肥，不同的蔬菜要施不同的肥料；还有浇水，不同的蔬菜有不同的浇水方法。虽然过程十分艰辛，但当看到自己亲手种的蔬菜发芽的时候，赖新龙非常高兴。每天放学后，赖新龙都不忘去菜地里看看自己种的蔬菜今天长势如何了，然后方才心满意足地回家去。学校组织学生种蔬菜不仅可以培养孩子们的劳动能力，还可以让孩子们懂得感恩，因为每次到收获这些蔬菜的时候，老师都会召集学生们把新鲜的蔬菜捆好，拿去慰问那些烈士家属。

　　学校里有一支学生合唱队，在当时的市中区可谓小有名气。唱得好的同学还有机会加入市少年宫的合唱团。此外，学校还有做黑板报等活动，赖新龙爱好广泛，既是黑板报的编辑，也参加了乒乓球校队。当时学校打乒乓球的人实在是太多了，以至于乒乓球桌一直不够

赖新龙校友

用。但学生们早就练就了只要有乒乓球和球拍就能玩起来的本领。于是，放学后的操场上，到处可见各种打花式乒乓球的同学的身影：有的在原地颠球，有的对着墙壁打，有的几人空中接力，大家手持各色球拍，有的球拍甚至已十分残破，尽管如此，大家还是玩得格外开心。如今，每当回想起那时候的小学生活，赖新龙都不由得感叹是那样丰富多彩，甚至觉得现在的孩子远不如自己那个时候幸福和充实。

在快乐的氛围和自然的环境中学习、成长，这是曾家岩小学所追求和缔造的学风。如今，经过岁月的磨砺和检验，这样的学风沉淀下来，成了学校发展壮大的基石。

撰稿：邓红洁

23.
开阔视野　心怀天下

　　"风声、雨声、读书声，声声入耳；家事、国事、天下事，事事关心。"不使学生只拘泥于课本知识，而是有意识地帮助其拓宽学习领域，培养、发展其核心素养，是曾家岩小学在多年的教学过程中一直努力的方向。

　　小学六年级时，赖新龙的班主任换成了王定国老师。一开始大家都很舍不得对他们影响很大、感情也很深的陈德玉老师，甚至连学习都有些不在状态了。但经过一段时间的相处，王定国老师很快就用自己在教学上的独特魅力征服了班里的同学。他和陈德玉老师一样对教学工作十分认真和严谨，与同学们交流永远也都是亲和而有耐心的。但有所不同的是，王定国老师向学生们打开了另外一扇通往世界的大门。这扇大门就是他坚持在班上读报。由于那个时候的信息渠道特别少，大家对新鲜的知识、消息有着十二分的好奇。而王定国老师特别喜欢看《参考消息》，只要一有报纸出来，他就会马上阅读。要知道那时候的《参考消息》可不是谁都能看到的，必须是党员而且是科级以上级别的老师才能看到。

　　"同学们，你们知道为什么每个国家都以击落美制的U-2型飞机为荣吗？今天我就来给大家讲讲。它采用最小化机身质量思路设计，这样做的结果就是它的质量很小，可以很轻易地飞抵高空并长期保持停留……可就是这样一种号称'飞行高度最高、几乎没有什么武器能够得着它'的所谓'空霸'，到目前为止，已经被我英勇的解放军地空导弹部队击落四架了，在世界上这也是很了不起的战绩呀！这也宣告了美蒋想放肆地对我们进行战略侦察的图谋彻底宣告失败！同学们，我们应不应该为我们的解放军叔叔鼓鼓掌呀！"王老师话音未落，"啪啪啪啪"一阵激动而热烈的掌声就在教室里响起。

　　看上去有些平铺直叙的专业内容，被王定国老师演绎得如此生动精彩，这既唤起了同学们的爱国情和求知欲，又极大地丰富了同学们的科技知识。"U-2 型飞机""火箭""卫星"，这些对赖新龙他们来讲以前从未了解过的新鲜名词，是如此地令人着迷。赖新龙每次一听到王老师讲起这些内容，都竖起耳朵来，生怕听漏了一个字。在这一次次的讲述中，赖新龙看到了一个崭新的世界，一个他从来没有去过的世界，一个令他心生向往的世界。渴求走出去向更宽广领域发展的种子，就此埋在了同学们的心里。

赖新龙校友

王老师凭借其渊博的知识、生动的讲解让孩子们大开了眼界。后来，赖新龙班上的一名女同学正是因为被王老师所讲述的故事吸引，大学时选择了就读航天相关专业，毕业后去了航天局工作。而后来成为国防精英的何开文，也是在王定国老师讲述的这些新闻报道中，对航天知识产生了浓厚的兴趣，并将航天军工作为他终身为之奋斗的事业。他作为我国材料方面的专家，从事的科研项目主要是一种特殊金属材料，而这种材料的应用范围主要是航空航天以及国防军工领域。从神舟一号到神舟十号，都有他所在研究所研究的特殊金属材料，我军的多种战斗机、轰炸机也会用到何开文研究的材料。

对新世界的渴求就像夜行人的火把，对赖新龙班上的同学来说，王定国老师点燃了这支火把，照亮了他们人生的前行之路。

从陈德玉到王定国，再到更多优秀的老师，教育的接力棒就这样在曾家岩小学人才辈出的教师队伍中传递着，他们帮助着学生们挖掘潜藏于内心深处的梦想和力量，明确自己的发展方向并为之付出一生的努力。

撰稿：李开云

24.
特长教育显神通

1984 年，红光小学并入曾家岩小学，由陈显明任合并后的曾家岩小学书记，陶绍忠任校长。当时，大学生被称为"天之娇子"，人人都想家里能出一个大学生以光宗耀祖。于是家长们普遍十分重视孩子的考试成绩，有的父母甚至片面地认为，学生只要成绩好就够了，其他的都不重要。在这种错误的思想引导下，社会上掀起了一波"神童热"。这股"神童热"强烈地刺激了家长"望子成龙"的愿望，也给学生带来了极大的课业负担和心理压力。

陶绍忠在调到曾家岩小学当校长不久，就看到了这样的教育弊端。很多学生受繁重的学习任务所迫，放弃了课余爱好，一门心思扑在学习上。大多数学生下课后基本不会离开座位，而是争分夺秒地去背书，甚至连精神状态都不好。

深谙教育之道的陶绍忠认为，学生的任务不只是学习，而更应该培养自己的兴趣爱好，要有一技之长，在学习期间也应有一个好的精神面貌。正是在这样的教育理念指引下，陶绍忠决定推行特长教育，不能将学生的成长仅仅局限于试卷上干瘪的分数，而是让学生充分发挥自己的特长。

在当时的环境下作出这样的决定，压力可谓巨大。不少家长认为："我的孩子来读书是为了将来考大学的，你倒好，每天让我的孩子玩这玩那，考不上大学、不能出人头地你能负得了这个责吗？"

柏拉图说："初期教育应是一种娱乐。"陶绍忠对这句话深信不疑，且始终认为教育不是注满一桶水，而是点燃一把火。作为教育工作者，他需要做的只是拿出成绩、直面质疑罢了。

学校里有一位叫张可夫的学生。张可夫和其他孩子一样，终日刻苦学习，但有一点与众

曾家岩老校名

陶绍忠校长（后排中间）与运动员在一起

不同——他十分爱打乒乓球。

　　家里没有场地，父母又不支持他将时间耗在学习以外的事情上，但这并没有打消他对乒乓球的热爱。张可夫时常趁着夜幕降临时，在校园的操场上偷偷练习。

　　一次，陶绍忠批改完学生的试卷后，从窗户望出去，远远看到操场上有一个小小的黑影闪动。陶绍忠有些诧异，于是下楼查看。走近后发现是张可夫，他在昏黄的灯光下独自打着乒乓球，由于没有对手，只得打过去又捡起来，如此循环反复。或许是精神太过于集中，他丝毫没有察觉陶绍忠的靠近，甚至陶绍忠都走到他身边了，他仍然没有任何反应。直到陶校长轻喊了他一声，张可夫这才回过神来。他一看是陶校长，惊得紧紧拿在手里的拍子都掉落在地上了。"陶校长……好！"张可夫顾不上捡球拍，像一只受惊的兔子一样，手足无措，深深埋下头看着地面。"不用紧张，刚刚看到你打球，打得不错，继续努力。"陶绍忠轻轻拍了拍张可夫的肩膀，脸上露出了笑容。听见校长这么说，张可夫将头抬起，慢慢镇定下来，摸着脑袋傻笑。"不过以后不要太晚回家，晚上看不清路，容易遇到危险。"陶绍忠换上严肃的口吻，弯下腰捡起张可夫掉下的球拍，递给他，"走吧，我送你回家"。

　　从学校回家的路途有些远，张可夫想推辞，可看到校长认真的表情，只好点了点头。

　　张可夫的家在山的那头，陶绍忠一路上都紧紧拉着张可夫的手，一边防止他意外摔倒，一边不断鼓励他坚持练习乒乓球。他说"一切活动家都是梦想家",说"凡事以理想为因,实行为果",他一路说着,张可夫一路听着,只觉得回家的路途也不再那么漫长了。

在接下来的一个多月,陶绍忠特别留意了张可夫,发现这孩子在乒乓球方面有极强的天赋,一点就通,进步很快。于是陶绍忠在中午借用了学校的室内场地,还叫了一位体育老师来专门为张可夫提供训练上的帮助。可是事情没过多久,张可夫的家长知道了这件事,就找到学校,让学校不要耽误孩子的学习。陶绍忠虽然再三劝解,却依然没能改变张可夫父母的想法。此后,张可夫中午再也没去打乒乓球,每日只是趴在课桌上背着古文、写着算术。陶绍忠每次经过张可夫的教室,看到他郁郁寡欢的样子,心里都特别不是滋味。陶绍忠默默地在心里问自己:"如果作为校长都无法维护学生的合理需求,又怎么称得上是一名合格的教育工作者?"他决心说服张可夫的父母。

周五下课后,陶绍忠来到张可夫的教室找他,说要去张可夫家里家访。张可夫猜到了校长要做什么,心里突突直跳,激动地点了点头。陶绍忠和张可夫一起往他家走着,张可夫感觉既有些害怕,也有些期待,他害怕的是校长可能会无功而返,同时也满心期待着这次家访能改变点什么。

还是那条漫长的回家路,只是小路不再那么泥泞了。那天天气很好,和煦的阳光透过树叶斑斑驳驳地洒在小路上,陶绍忠跟张可夫聊着人生、聊着理想,两人的脚步也不觉变得轻快起来。到了张可夫家里,陶绍忠开门见山地对张可夫的父母说明了来意,他请求张可夫的父母给张可夫一点时间、一个机会来证明,他说"兴趣是学生最好的老师",说"世界上所有人都有才能,教育者要去发现每一位学生的爱好和特长,为他们的表现和发展提供充分的条件和正确引导",说"能培养学生的独创性和唤起他对学习愉悦的心情,便是教师的最高本领"。

与张可夫的父母促膝长谈了三个小时,陶绍忠一直滔滔不绝、不厌其烦地讲述着、劝解着。张可夫的父母看到校长这样坚持,终于被他的诚恳所打动,同意让张可夫继续训练打乒乓球。

得到家人支持后的张可夫更加发奋地训练,有时中午甚至都忘了去吃饭。放学后他一有时间也会去加紧练习，但是每到天暗下来，他都会放下手里的球拍，头也不回地往家里赶。他不敢忘记陶校长的每一句叮嘱，并严格地遵照执行着。经过日复一日的训练，他的乒乓球越打越好，还加入了学校的乒乓球队，且是打得最好的那一个。当时曾家岩小学有羽毛球队、排球队、乒乓球队，乒乓球队经常在文化宫参加比赛，在全市都是数一数二的。有张可夫参与的乒乓球项目是曾家岩小学的强项，很长一段时间都保持着非常优异的成绩。

1984年，陶绍忠带领学校乒乓球男队，聂美年带领学校乒乓球女队，以市中区冠军身份参加重庆市乒乓球比赛，几番奋战之后最终获得了季军。1986年，曾家岩小学的乒乓球队又夺得了市中区的冠军，后来作为市中区的代表参加全重庆的比赛，得了亚军。当时在市中区的比赛，都是让学校的小学生跟成人组一起比赛，曾家岩小学的乒乓球队依然获得了13块奖牌的优异成绩。

由于张可夫在乒乓球方面的出色表现，小升初时有不少中学都抢着让他去读。张可夫的父母自然十分高兴，他们既为曾阻止张可夫进行乒乓球训练而汗颜，又为陶校长当初苦口婆心的劝解而心怀感激，还亲自拎了水果到学校来想当面送给陶校长以表达谢意。陶绍忠婉拒了这份小小的礼物，他说这是张可夫自己努力的结果，而作为校长，作为老师，他只是做了自己应该做的事。

与张可夫同队的付强，也因为乒乓球打得好，被市乒乓球队的教练看中进了市乒乓球队，后来出国在西班牙当上了乒乓球教练；同队的陈国伟，也被四川省乒乓球队特意请去当了教练。

乒乓球方面的佳绩只是曾家岩小学推行特长教育结出的累累硕果之一。除了乒乓球，曾家岩小学在学生的围棋技艺培养和科技技能培养上都取得了不俗的成绩。

陶绍忠始终相信：教育的根是苦的，但其结的果是甜的，也相信自己对于特长教育这一方向的把握是完全正确的。正是由于他的这种自信和坚定，才奠定了学生的才艺得以充分发掘和展示的基础。也是在陶绍忠校长不畏阻力的带领下，曾家岩小学很早就对特长教育有了相对领先的把控，在特长教育的开展方面取得了飞速发展。

在大多数学校宣扬"一门心思只抓学习成绩"的那个年代，曾家岩小学坚持推行发挥学生各项特长的素质教育，并不断挖掘学生在体育和艺术方面的才能，最终走出了一条属于自己的路。曾家岩小学用成绩告诉人们：虽然学校选择走了一条看上去充满泥泞的道路，但是这是一条通向更亮更远的未来的光明之路、希望之路！

撰稿：李开云

25.
小班化教学引潮流

　　回顾曾家岩小学的历史，其曾在抗战期间引领教育文化潮流，在中华人民共和国成立初期也引领过教改潮流。而在改革开放初期，全国都在谈改革，教育领域则大谈课程改革，但是改革从何入手？从何处找到突破口、切入口？没有现成的道路可走，一切只能靠自己探索。

　　曾家岩小学始终在思考这样一个问题：到底什么才是孩子该有的本真？

　　作为教改道路上的早行人，曾家岩小学拿出"敢于吃螃蟹"的勇气，在家长的支持下，在教育主管部门的支持下，对教育改革进行了小班化探索。学校引入了实验教材，鼓励青年教师走上讲台展示自己的风采，创造属于自己独特的教学模式，而不是按照传统的教学模式来教学。从1991年开始，曾家岩小学就在课程设置和优化、教学形式上进行了一系列大胆的探索。

　　小班化教学实验正式开始是在1998年，到2006年止。对于学校的老师和学生来说，这是一段记忆非常深刻的时光。那时候校门口总挂着这样八个大字："阳光普照　和谐成长"，这八个字是小班化教学的理念。让每一个孩子都得到发展，找到孩子最适合的发展渠道；让班级中的孩子"人人有事做，事事有人做"，每个孩子在班级中都是主人。

　　具体来说，每个年级都有一个实验班级，每一个实验班级都是小班化设置。小班化设

课改实验

课改实验

置给曾家岩小学带来了极高美誉度，使整个渝中区甚至其他区的家长都想把自己的孩子送到曾家岩小学的小班里面来学习和成长。

为了推进小班化教学改革，学校派出了专门的教改小组前往上海，系统地学习了半年小班化教学，还学习了教育发达地区的教材资料，获益匪浅。教改小组回到学校后，结合学校的实际情况，制订出了具体的小班化教改方案。

在人数上，每个小班的人数控制在 30 人以内。学校根据多年的教学经验统计发现，一个班级的学生如果超过 30 人，教师就会顾此失彼，无法全面关注每个学生，此举可以有效地提高教师对学生的关注度。

从设施配备来说，环境一流。每个小班配有一个单独的活动教室，小班教室里有空调、电脑等设施，地板是木地板。

在教学形式上，增设了各种活动。这些活动包括家长开放日、教育教学实践研究、兴趣活动课等。有一次，为了让家长清楚地知道孩子们在学校到底上了什么课，有一个小班让学生们邀请自己的父母来上课。一间小教室里坐得满满当当，连过路的地方都没有。正是通过这次家长观摩活动，家长了解了学生的学习生活，也增进了亲子关系，很多家长开始陪自己的孩子一起学习。孩子们的变化也很大，老师们都打心眼里感到高兴。

在教学方法上，老师们通过小组学习、课题探讨等形式，更加关注学生解答问题的能力。在小班化教学过程中，老师更加尊重学生，优生能力得到更大的提升，学困生的短板也得到了提高。为了营造全员学习的氛围，学生被分成若干小组，这些小组的成员是老师经过全面的优势与劣势评估后划分的。在平时的学习中，优生带着学困生，学困生向优生提问，这样优生学到的知识得到了巩固，学困生的成绩也得到了提升。

以英语教学为例，当时的曾家岩小学只有一名英语老师。对于当时的渝中区来说，英语教育都处于起步阶段，全区英语教学是从小学三年级开始，而曾家岩小学是从一年级开始，由此可以看出曾家岩小学在新兴学科和新兴教学方式方面独到的眼光和具有前瞻性的预见。

曾家岩小学非常重视英语教育，教室里布置了英语角，每个小组有自己的英语代表，每个孩子有自己的英文名，每周还会有一个英语小剧场，学生们自己编内容，自己排练，每学期还要举行英语演讲比赛……搞这些活动的目的，是让学生真正地爱上英语，真正地将英语融入自己的生活中。

在开设小班化教学过程中，也遇到过一些瓶颈和困惑。最大的考验是老师们的工作量比原来大大增加了。据统计，当时一个科任老师每周的课时多达18到20节。老师刚从一个班级出来，马上又进入另一个班级，上课连轴转，连一点休息的时间都没有。课时配备多，而学校的人员编制并没有增加，只能靠老师们的辛勤努力和付出，才坚持了下来。

小班化教学对于老师而言也是锻炼和提高。小班的老师比其他班级的老师工作量更大，相对来说，对能力的要求也更高。教小班的老师不仅要精通自己的专业知识，还要懂一些其他学科知识。比如在组织活动的时候，老师要调动活动现场的气氛，所以唱歌跳舞这一类的才艺都要求会一点，所以那个时候教小班的老师算是全能人才了。

小班化教学还使教师队伍得到了明显的成长。据当时的老师回忆，第一学期期末要拿出来的评语，都是老师们熬夜通宵评出来的。每个孩子每科都有评语，班主任还要写总评语。老师关注的重点是要让孩子的闪光点得到呈现，让孩子有自信，有自己的亮点。所以各科老师都在这上面花了很多心思。期末时，孩子的成长记录袋都比较充实。学生有成长记录袋，老师也有成长记录册。老师的成长记录册里面有论文、作业、课后的反思、公开课的教案等一系列教学文案，这项教学工作是做得非常扎实的。

小班化教学很好地将家长、学生、老师、学校融合在一起。有一年"六一"儿童节，学校决定组织一次舞龙活动，正在为服装问题发愁时，有位学生家长说她是做服装的，服装问题她可以帮忙解决。"六一"儿童节那天，当学生们穿着舞龙的服装在操场上舞动的时候，群情激动。舞龙是学生自己设计的，自己找材料，自己组装，自己涂色，而不是像原来那样向外面的商家租赁或购买。通过这次活动，学生的动手能力、思维能力和协调能力都得到了提高，这是老师和家长所乐见的。

求精班，是曾家岩小学教改实验的成果体现。因为曾家岩小学教学的成功试点，所以促进了中学对曾家岩小学的关注，使一些中学有了"中小联结"的想法。"求精班"就是在这种情况下成立的，求精中学与曾家岩小学联结，将教改成果推向深入和长久。

最重要的是，小班化对于学生的评价方式是多元化的，最直观的体现就是给每个学生建立成长记录袋。从一年级入学开始，所有的成绩、特长和表现都装在袋子里面，每学期都有更新和增加。这些记录包括家长、老师、同学的评价。每个科任老师都要对学生各科、各个时段的学习表现做出评价。通过成长袋可以看出学生行为能力、语言表达能力、小组合作能力、合作参与能力等各方面的表现。

由于历史的原因，小班化教育后来停办了。但是，对于学校来说，小班化教学改革带来的教育理念已经植根于学校的教学土壤，从而让改革的意识和习惯成了曾家岩小学的一种常态、一种惯性和特色，让曾家岩小学对新事物永远保持一种开放、探究和接纳的态度。正是因为有了这样的理念和态度，当曾家岩小学有新的课题和项目时，老师们都能以一种全新的状态和积极的姿态去靠近、去接纳。这些当年参加过小班教育的青年教师一直延续下来，经过时间的历练，成为今天的骨干教师，每一个教师都锻炼成了可以独当一面的人才，这是曾家岩小学得以成长的根本。更重要的是，小班化教学改革还给学校带来了精神文化的重塑，曾家岩小学"自由自在 乐学乐行"的学风，与小班教育注重孩子的个性、让教育回归本源一脉相承、遥相呼应。

今天，当我们回顾曾家岩小学的发展历史时，就会发现，今天的许多方式方法与几十年前、上百年前的方式方法似曾相识。原来，教育改革的理念已经深深扎根在曾家岩小学教师的心中，潜移默化地影响着曾家岩小学教师的一言一行，在曾家岩小学校园的各个角落里生根、发芽、开花、结果。

撰稿：邓红洁

26.
创新示范　永不止步

美国最负盛名的管理学大师托马斯·彼得斯说："要么创新，要么死亡。"一直以来，创新始终是推动事物不断向前发展的重要动能，没有创新的事物，很快就会被世界所抛弃，最终消失在时间的长河之中。人们深知创新的重要性，却又感到创新的艰难，所以常常被困在原地，举步维艰。而在教育行业，受限于各种条条框框，创新更是让很多教育工作者望而却步。很多人认为坚守与发展太难，宁愿选择维持被动。在这样的大背景下，曾家岩小学没有随波逐流，它关注一切创新机遇，并随时做好向前发展的准备。

2014年，重庆市教育委员会发布了《关于认真做好教师教育创新实验区建设工作的通知》。那时，渝中区人民政府和西南大学签署了"共建教师教育创新实验区"协议书，双方进行合作，希望通过四年左右时间，开创教师教育创新之路。

曾家岩小学深知这个机遇的重要性。俄罗斯管理学学者阿法纳西耶夫说过："没有创新，就不可能有合理的，尤其是有效的管理。"在当下的环境中，小学教育教师的工作相对稳定，挑战性不大，而这样的"无压环境"，也不可避免地让一些教师放松了对自己的要求。要想培养出更优秀的学生，就要储备更加优秀的教师，只有在教师不断地学习提高中，才能使学校的整体教育水平提升。而这，正是校领导学校领导孜孜以求的。

于是，在邓红洁校长的主持下，曾家岩小学申报了渝中区教师教育创新示范学校。在当时渝中区范围内的中小学里，只有10所学校能够作为试点学校。其中有5所中学和5所小学。当时整个渝中区近30所小学中，曾家岩小学无论从学生数量和办学规模，还是从社会服务力和社会影响力来说，只是处于"可上可下"的位置。所以曾家岩小学要想进入试点学校的行列，其实存在相当大的困难。然而这种困难，在学校领导看来，正是难得的机遇，即使在甄选中被淘汰，也值得去争取。

在申报了渝中区教师教育创新示范学校之后，面对即将进行的评审和答辩，学校领导提前做了充分的准备工作，对于创新示范校的名额可谓势在必得。在答辩当天，校长邓红洁不仅表达了非常强烈的个人意愿和团队意愿，并且充分分析了曾家岩小学的发展优势和当前劣势，逻辑清晰、有条不紊地回答了各种问题，表现非常突出，赢得了评审专家的肯定。

2014年5月4日，这是一个令人激动的日子。教师教育创新实验区领导小组办公室发布了关于"渝中区教师教育创新示范学校"遴选结果，曾家岩小学赫然在列。当在通知上看到"曾家岩小学"五个字的时候，学校里所有老师都感到无比兴奋。

历经百年的曾家岩小学，积淀深厚，辗转起伏。教师教育创新示范学校项目让曾家岩小学依光寻路，不再原地等待。

2014年9月，西南大学—渝中区教师教育创新示范学校项目在曾家岩小学正式启动。在渝中区教委的有力支持下，在项目实施总方案的部署要求下，曾家岩小学积极构建了三大系统和八大重点工程，做到全员参与项目、全程紧跟项目、全方位保障项目。结合项目"双适应 双发展"文化理念系统过程，学校系统梳理了校园文化，重构了学校理念文化系统，经过调研反馈与系统培训得到了师生、家长、社区的广泛认可。继而，学校结合自身情况，细化并明确了"三课统整、三教并进"的推进路径。按照既定的方向目标和预设路径，开启了探行之旅，并最终敲定了系统

教师教育创新示范校动员会

推进的方案。

随后，学校开展了"基于教师专业发展的小学'教学客串'研究与实践"课题研究。通过多轮"客串教研"，采取"同科同课——同科异课——异科异校——同科异国跨文化交流"等不同的教研方式，使得教师实现了在比照性、系统性、综合性等方面的成长。从最初的探路盲打，到规矩有形，再到创新有神，教师"参与度"与"参与态"都明显改变。到现在，"基于小学教师专业发展的'教学客串'研究与实践"已经融入学校的常态工作，大大激发了教师们的发展动力。

同时，按照"三课统整、三教并进"教师教育创新实践行动工作计划，学校确定音乐作为精品课程，从"课程团队、课程指南、课程日历、课程教案、课程PPT、课程微课、课程题库、课程测评"8个板块入手，以音乐学科为大本营，扬长借长，克短避短，打破校际、区际的围栏，主动吸纳校外教师重点开发学科（跨学科）精品课程，形成区域性的优势学科。

以"项目驱动、团队协作"为工作模式，以项目负责人、科研副校长、研训导师、研训带头人、中层干部、教研组长、学科骨干教师为核心，组建优势学科建设团队。初步制定了《学校教师队伍中长期发展规划》，系统学习了《渝中区"五级"教师专业发展指导手册》，开展"三名读书"活动。为了让教师重获动力，曾家岩小学在《学校中长期发展规划》中，提出了《教师"蝶变"行动计划》。

为实施《教师"蝶变"行动计划》，曾家岩小学提出"'手手'进步"的口号，把老师的职业阶段分为"五手五步"：一步新手、二步熟手、三步能手、四步高手、五步旗手。学校还采用"一对一"的方法指导全校教师制定出《个人职业规划书》，在规划里拟定出每步配套的《教师发展目标和行动指南》，帮助他们确定方向、设定目标、分解目标、分析差距、行动跟进。

同时，学校还结合《曾家岩小学中长期发展规划》，提出学校方相应的推动保障措施，明确各自的责任权利，让老师们定心定力。

最后，学校引导每一位老师随时对照自己的"职业规划书"进行自我管理、自我评价，自我改进、主动提升自我要求和创新意识。

就这样，通过 4 年的项目建设，学校教师队伍专业发展的动机和意愿明显增强，目标和路径也更加清晰。在成效和成长的激励下，教师队伍专业发展已形成策马扬鞭、疾蹄远行的良性态势。

目前，随着项目逐渐进入深层推进阶段，各项学术类成果、实践类成果、人才类成果逐渐显现。市、区级骨干教师增长 400%，占教师总人数的 38%，教师获奖增长 500%，教师学历进步需求增大，参与课题研究的主动性和能力明显进步，校本教材的编写能力也大大提高。目前的态势是既要加快行动的速度，也要强化行动的深度，随时梳理、及时总结、深度挖掘，使之真正达成实验目标，发挥示范引领作用，最终实现教师教育创新，成为真正的教师教育创新示范学校。

"雄关漫道真如铁，而今迈步从头越。"未来的曾家岩小学会更加深入地依托项目建设，借力发力，落实项目任务、盯准目标大胆创新，在实现学校的发展战略的征途上昂首奋进。

撰稿：邓红洁

27.

馆校共建放异彩

曾家岩小学坐落于重庆文化底蕴深厚的渝中区上清寺曾家岩社地区，地处重庆市政治、文化、教育高地的渝中区腹地，紧邻市政府、周公馆、重庆市人民大礼堂、三峡博物馆，教育资源得天独厚，这是很多学校所没有的独特优势。

所谓优势，是学校卓越的要素和助力，曾家岩小学一直都深信这一点。既然坐拥如此得天独厚的教育资源优势，那就必须要充分将之利用起来。有了优势，并不等于拥有了成功，但用心，就一定会拥有成功。近年来，曾家岩小学有效地利用学校周边的三峡博物馆、周公

学生志愿者三峡博物馆解说

博物馆课堂

博物馆课堂

馆、民主党派陈列馆等社区教育资源，使之与学校的教育紧密地结合起来，极大程度地丰富了自身教育活动的内容。曾家岩小学和附近的馆方一直都处于互相交流和学习的状态，只不过这种状态只是馆校共建的一种萌芽，形式较为松散。

曾家岩小学明白，如果只是依靠从前的资源，这样的教育资源会逐渐流失，这也是全体师生所不愿意看到的。正因如此，近年来，曾家岩小学专门设立了馆校课程，将"馆校共建"纳入课程体系。邓红洁校长认为，只有这样，才能将曾家岩小学的学习互助精神，通过一种固定模式永远传承下去。

学校在设立了馆校课程之后，馆方的工作人员开始正式走进曾家岩小学，给曾家岩小学的学生进行授课培训。每次上馆校课的时候，孩子们都十分兴奋，因为他们可以听到除了课本之外的很多有趣的故事。

若是三峡博物馆的老师前来授课，他们往往会向孩子们科普一些人文历史方面的知识。例如长江三峡地区奇特的地貌景观是如何经过几十亿年的时光而形成的，什么叫海相沉积，什么叫陆相沉积，什么叫晋宁运动，什么叫印支运动……老师们讲得浅显易懂，还用图案的方式来表述，孩子们都听得津津有味，还会时不时地向老师提出问题。

感受到孩子们对馆方课程的喜爱，三峡博物馆甚至专门在馆内开辟了一块地方，作为博物馆学堂。在这之后，博物馆学堂也就成了曾家岩小学的学生上馆校课程的一个固定地点。

学生版画作品

到三峡博物馆后，博物馆的老师能够利用馆内展品，对学生们进行更加生动和详细的讲解，漂白、蜡染、青花瓷等一一展开，娓娓道来。把课堂地点迁移到博物馆之后，孩子们对科学知识、地理知识、天文知识、自然知识的接受往往会更加容易。

若是周公馆的辅导老师来曾家岩小学授课，就会讲一些红色文化、红色历史，或是对曾家岩小学的小小解说员们进行培训，教他们如何更好地解说。

孩子学到了这些知识之后，并不只是占为己有，而是又回馈和传播给社会。很多学生都会利用自己的假期时间，自发地去参加馆方的一些活动。由于曾家岩小学的学生在讲解过程中表现得十分优秀，馆方还对他们进行了表彰，授予了他们"金牌解说员"的光荣称号。对于孩子来说，馆校课程不仅让他们更多地了解了知识，还培养了他们的爱心和感恩之心。这

武术展演

不仅是一种学习，更是一种社会参与。

滴水之恩，当涌泉相报。面对馆方给予的如此多的帮助，素来以"求真　至善　尚美"为校训的曾家岩小学，自然也怀有感恩之情。除了馆方人员会到曾家岩小学来进行授课之外，曾家岩小学同样也会派老师到馆方去实践和体验，在馆方进行授课。无论是学校有多么重大的活动，有多么紧急的任务，也无论刮风下雨，还是烈日炎炎，曾家岩小学的老师们都始终如一，从不缺席。馆校联合共建，在互助交融中一起成长。

自开办馆校课程以来，曾家岩小学始终维持例行着每周一次的周公馆馆校课程，每学期一次的桂园馆校课程，每学期两次的民主党派陈列馆馆校课程。孩子们要么自己在教室里温习上次的馆校课知识，要么亲自到实地学习。或许是被曾家岩小学师生们的热情所感染，在静园里，一个由退休干部组成的书法家协会也主动参与到了孩子们的培训中来。书法家协会的老干部们会利用孩子们晚上的空余时间，免费、义务地教孩子们画工笔画、画国画、写软笔字，却不求一分一毫的回馈。他们无私的品质，让曾家岩小学的师生们十分感激和敬佩。大家也都知道，这看似是书法家协会开展的志愿服务活动，实际上却是曾家岩小学坚持馆校

对外交流

课程建设所衍生出的额外成果。

　　人们都说，付出总有回报。而曾家岩小学的师生们却说，他们求的不是回报，而是前进成长。对于收获的回报，师生们一直心存感激，但他们知道，只有在前进中成长了，才能更好地为学生们服务，才能为社会培养出更多优秀的人才。正如校长邓红洁所说："走过昨天，我们心存感激；面对今天，我们心定笃行；畅想明天，我们心怀期待。"

撰稿：邓红洁

28.

国旗卫士我来当

　　今天的中山四路，被称为"重庆最美一条街"，也是"抗战文化一条街"，还是中共重庆市委、市政府所在地。这条街上的历史遗迹除了已成为中国民主党派博物馆的特园外，还有桂园、周公馆、戴公馆、国民政府总统府旧址等。郭沫若、老舍、柳亚子、陶行知、徐悲鸿等历史名人都曾在中山四路定居，他们从中山四路了解并传播重庆的历史文化。中山四路

国旗班的故事

可以说代言着重庆的前世今生。

曾家岩小学，就坐落在毗邻中山四路的上曾家岩。如何充分利用学校周边的优势资源，打造学校自身的特色，成了摆在学校面前的一道全新课题。

国旗班，就在这样的背景下诞生了。

国旗班成立之前，学校每学期开学或遇重大节日，都会请市委大院的警卫连给学校举行升旗仪式。这样做的初衷是让孩子们感受到警卫连叔叔的风采，从看得见、摸得着的升旗仪式中激发学生的爱国主义热情。

从2008年开始，学校就向有关部门提出了组建国旗班的想法。一来，希望教官来学校训练学生，可以磨炼孩子们的意志，促进孩子们的成长；二来，可以以此为契机加强对少先

国旗班的故事

队员的管理，加强对孩子们的爱国主义教育。这样的想法得到了有关部门的大力支持，学校与警卫连合作达成了共建关系。不仅有教官定期到学校训练国旗班的学生，国旗班的学生也会到警卫连参观内务。

郑锋，是国旗班众多学生中的一个。虽然已经离开曾家岩小学升上初中，但他还是经常回到学校，向老师、师弟师妹们讲述他在国旗班的故事，讲述他小小少年的爱国情怀。

郑锋第一次看到警卫连叔叔升旗是在学校的开学典礼上。叔叔们目光坚定、步伐稳健、身姿挺拔，在郑锋幼小的心里留下了深刻的印记，也埋下了梦想的种子：如果自己以后也成为一名旗手，那该多好。

听说学校要成立国旗班了，郑锋很是激动。在学校发出通知的第一时间，他就去班主任那里报了名。国旗班成员的选拔比较严格，身高要一致、气质要出众，德智体美劳各方面都要优秀。郑锋很担心自己会因成绩不太好而选不上。后来当他在录取名单中看到自己的名字时，激动万分。老师告诉他："爱国不分成绩好坏，也希望加入国旗班后能促进你的学习。"

刚进入国旗班训练的时候，郑锋常常累得腿都抬不起来，走路腿都不听使唤，但教官的话鼓励着他坚持了下来："国旗是国家的象征和标志，是由无数革命先烈的鲜血染红的，能护卫国旗是我们的荣誉，护卫国旗就是在护卫国家和人民，所以我们要拿出十二分的精气神来好好训练，成为一名合格的旗手。"听完他的话，郑锋和他的同学们的眼神都变得无比坚定，腰板也挺得更直了。

国旗班的训练是很辛苦的，放学后要把本应属于休息的时间都用于站军姿、练步伐上，这让很多小伙伴都有些受不了。这时负责国旗班训练的老师总是会在一旁走上前来，轻轻地拍着他们的肩膀说："你们都是老师们精心挑选出来的，我相信依你们的能力完全可以做到！"受到鼓舞的同学擦了擦汗水，又继续投入训练之中。

对于郑锋来说，国旗班就像是自己的另一个家庭，大家一起在操场上站军姿，一起训练走正步，一起在每周一的早上升国旗，队员之间建立了深厚的友情。就这样，郑锋在国旗班里整整待了三年，直到小学毕业。

他印象最深刻的就是每次新学期开学时的升旗仪式，气氛庄严肃穆，全校师生静立。渐渐地，一阵铿锵有力、整齐划一的脚步声，由远及近地充溢了整个操场，震撼着在场所有人的心灵。随着《义勇军进行曲》的响起，擎旗手奋力地挥动着右臂，将鲜红的五星红旗的一角抛向空中，国旗被抛出了一个漂亮的弧形。国旗班的同学们都知道，要让国旗上五颗金黄的五角星在一瞬间全部展露出来并非易事，这一抛可是苦练了无数次的结果。

每年都有学生毕业离开学校，也有新同学进校。上一届国旗班学员毕业的时候，就会将国旗授给下一届国旗班，还要为此举行接旗仪式。郑锋永远记得自己在进入国旗班训练一年后，从上一届的国旗班同学手里接过五星红旗的场景。

那是一个初夏的午后，国旗班的学生接到通知来到了操场上。当他们站定之后，发现上一届国旗班学生正一脸凝重地站在操场边上。突然《义勇军进行曲》响了起来，他们脚步稳健地向旗台走过来，像一株株挺拔的小松树在旗台边站定。老班长铿锵有力的"接旗！"刚在操场上响起，新一届国旗班的班长立即跨出一步，对着国旗举起右手行了标准的队礼，便带着郑锋一行人，从操场那边走了过来，接下五星红旗。两届国旗班的交旗仪式看似简单，里面所包含着的精神传承却让在场的所有人难以忘怀。

国旗班的磨砺，让郑锋有了沉重的使命感，这是他以前没有过的，"虽然我只是个平凡的人，但我一样可以从小事做起，展现国旗的风采"。

进入初中后，由于小学阶段在国旗班所受过的严格训练，初中班主任很快就发现了郑锋在精神和气质上的与众不同，郑锋也得以顺利地加入了初中的国旗班。带着曾家岩小学国旗班的精神，他进入了一个新的人生发展阶段。

对国旗班的队员来说，成为"国旗卫士"的那一刻，国旗就已融入了青春底色。当国歌响起时，当国旗招展时，当阳光照射在胸前时，心中总会有一种油然而生的自豪感："我是中国人！我热爱我的祖国！"这种自豪感是我们力量的源泉，是我们精神的归宿，是我们毕生想要捍卫的民族魂。已走过近 20 年光辉历程的国旗班精神，正在曾家岩小学生生不息，手手相传。

撰稿：李开云

29.

天籁童声　成长之音

"Can you hear me,（你能听到我的呼唤吗）

can you hear me,（你能听到我的心跳吗）

through the dark night far away?（穿过遥远的黑暗旅途）

I am dying，forever，crying to be with you，（我将永远消亡，哭泣着和你在一起）

who can say? "（谁知其中意？）

一阵甜美而动人的歌声回响在 2018 年 7 月 22 日的新加坡国际合唱比赛的现场，这是来自曾家岩小学"天使童声合唱团"的小天使们的天籁之音。它仿佛闪动着翅膀的精灵，在空中翩翩起舞，缓缓地飘入了在场的每一位观众的耳中，令人心旷神怡。向台上望去，孩子们正镇定自若地演唱着，在仰起的一张张稚嫩的小脸上，写满了纯真和希望。环视台下，曾家岩小学"天使童声合唱团"的指导老师们眼中则噙满了激动而又欣慰的泪水。

歌声是通向往昔时光的桥梁，它也将我们带入了追寻曾家岩小学的音乐基因之旅。早在 1905 年，还被称为明诚学堂的曾家岩小学在诞生之初就是一所教会学校。从那时起，唱诗班美妙的歌声就已经在这片热土上回响，凭借其纯净无瑕、抚慰心灵的力量深深镌刻在人们心中。当时间的车轮走到抗战年代，校园上空飘扬的则是慷慨激昂的《黄河大合唱》《在太行山上》等歌曲，它鼓舞着身处纷飞炮火的师生们昂扬爱国豪情、冲出黑暗桎梏。历经风云变幻，曾家岩小学对音乐的重视和对孩子们音乐素养的培育从来没有停步。到了 2017 年

9月，在校领导的倡议和亲自带领下，曾家岩小学"天使童声合唱团"得以正式组建成立。

在校领导看来，重建童声合唱团不单是完成一桩夙愿，不单是传播一种声音，更是弘扬一种互助协作的精神，体现一种对美好未来的追求与向往。

童声合唱团组建之初，学校的音乐老师到每一个班里去仔细试听，精心挑选出40名音乐素养较好而又喜欢合唱的孩子。为了让孩子们得到更为专业的训练，学校专门请到了重庆市儿童合唱方面的专家常洋老师，常驻合唱团训练指导。

常洋老师不仅是重庆组建儿童合唱团最早的一批人之一，而且多年执着于这项工作的研究。他认

校合唱团获国际金奖证书

为：日常教学里对于童声研究得很少，音乐学院也没有这门课程，所以导致了很多人照搬教成人的方式去教儿童，这是不符合儿童成长规律的。现在甚至还有些儿童合唱的训练，以伤害儿童的声带作为代价，这更是完全得不偿失的。常老师一直奋战在教学的第一线，根据实际情况不断地对不同年龄阶段的训练方法进行琢磨和调整，以此探究出童声合唱更为科学的训练方式。

当常洋老师在参与到曾家岩小学"天使童声合唱团"的指导工作之后，他就郑重地向曾家岩小学的三位音乐老师强调指出，在训练儿童的声音时要特别注意以下三点：第一，要研究和掌握儿童的生理、心理和声音；第二，不能用成人的思维方式教儿童唱歌；第三，不要以损害儿童的声带作为代价，不要为了唱歌而唱歌，要把儿童合唱当成教育来做，教容易做到，育就没有那么简单了。

接受了这样正规而又科学的训练，孩子们的进步自然是突飞猛进，令人欣喜的。当然，这进步也离不开孩子们的坚持和努力。自童声合唱团成立之后，孩子们始终坚持完成每周培训4个小时、每天回家巩固1个小时的既定任务。而自曾家岩小学接到新加坡国际合唱比赛

校合唱团与友国童声合唱团合影

的邀请以来，老师们精心选取参赛曲目、选拔参赛队员、详细制订训练计划、出行计划、安全预案……暑假期间，全体队员与指导老师更是战高温、耐酷暑、艰苦训练，用汗水、精力和实力为本次参赛奠定了非常扎实的基础。

在这一世界儿童合唱界近年来最令人注目的大赛之一的宏大舞台上，曾家岩小学"天使童声合唱团"凭借优异的表现在来自全世界 20 多个国家的 60 多个合唱团队中脱颖而出，成为中国大陆参赛队中 A1 组别（12 岁以下）国际金奖的唯一获得者。合唱节国际比赛的评委还特别盛赞曾家岩小学"天使合唱团"的孩子们发声非常健康，艺术感染有力，小团员们未来必大有作为。

此时此刻，连日来一直沉浸在比赛激烈竞争氛围中的孩子们心里也不由地生出了一丝欣喜。欣喜的是，获得了这样的赞赏，证明他们这么长时间的艰苦训练没有白费，不但为自己，更为学校争取到了一份可贵的荣誉。领奖的时候，孩子们再也控制不住内心的激动，他们簇拥在一起，手里高扬着获奖证书，脸上露出了灿烂无比的笑容。老师们纷纷拿出相机和手机，记录下了这一难得的瞬间。

校合唱团与指导教师合影

对于这次在国际上获奖，曾家岩小学校长邓红洁说："成绩可喜可贺，成长更是可期可待，演出没有训练过程重要，金奖没有心灵的美好重要！"从中我们可以感受到，音乐只是一种成长的载体，在卓越的教育者眼中，更为看重的是为着理想目标而努力奋斗的过程和在此过程中所得到的全方位锻炼和提升。这既是音乐也是教育的真谛！

撰稿：邓红洁

30.
见证沧桑的黄桷老树

德国哲学家雅斯贝尔斯有一段广为流传的话："教育意味着，一棵树摇动另一棵树，一朵云推动另一朵云，一个灵魂唤醒另一个灵魂。"

在曾家岩小学校园里，栽种着数十株高大的黄桷树。风起的时候，树叶沙沙作响，像是在呢喃低语；枝条随风摇摆，像是在翩翩起舞。只要有一片树叶开始动起来，其他都跟着摇曳起来，数不清的树叶像极了无数个牙牙学语的孩子。

阿基米德说，给我一个支点，我就能撬起地球；黄桷树叶说，给我一阵风，我就能唤醒整个校园；老师说，给孩子们的思想插上启蒙的翅膀，他们就能飞得很远很远。

黄桷树

在长达几十上百年的岁月长河里，这些黄桷树静静地矗立在校园里，默默无闻，无私奉献，用枝繁叶茂的身躯为孩子们遮风挡雨，呵护着孩子们的成长。它那顽强而又默默奉献的精神，像极了为日夜操劳却始终不求回报的老师。老师之于学生，就像黄桷老树之于曾家岩小学，是不可或缺的存在。在重庆的大街小巷，处处是黄桷树的身影，其默默无闻、顽强生长、无私奉献的内在精神深受重庆人民的喜爱，因此成为重庆的市树。

黄桷树见证着曾家岩小学的发展，迎来了一批又一批的莘莘学子，也送别了一代又一代的有志少年，它早已与曾家岩小学紧紧地连在一起，它的形象也深深地镌刻在曾家岩小学师生的心中。一百多年过去了，老旧

黄桷树

的校舍早已拆去重建，可黄桷树依然昂首屹立，陪伴着曾家岩小学度过每一个春夏秋冬。

春天，黄桷树在阳光的照射下焕发出活力，渐渐长出嫩绿的枝芽，它们小小的、嫩嫩的，一树的新绿让孩子们忍不住伸出手去触摸。每当到了这个季节，孩子们就会在美术老师的带领下，提着小板凳，拿着小画板，坐在黄桷树下写生，一堂课下来，大家画的黄桷树各具特色：有的巨大无比，铺满了整个画纸；有的又只有小小的一棵，绿油油地立在画纸中央。同学们通过这种方式表达出自己看待世界的角度，老师也能从这些形态风格各异的画里，感受到每个孩子的内心世界和黄桷树在孩子们心里的形象。无数个谈笑风生的写生课堂，就是在黄桷树下度过的。这个时候，老师们所要做的，就是唤醒孩子那颗爱美的心，那颗对世界充满好奇和向往的心。

夏天，黄桷树上长出了绿油油的叶子，远远看去就像一把绿绒大伞，下午时分，孩子们

在教室上课，窗外树叶被风吹过发出"沙沙"的响声，加上远处断断续续的蝉鸣，一派祥和宁静的景象。等孩子们下课了，黄桷树下就成了大家的休息圣地，黄桷树用它茂盛的枝叶为孩子们遮挡烈日的暴晒，孩子们常常在树下乘凉、嬉戏。下雨的时候，黄桷树就像是一把绿油油的大伞，为孩子们遮风挡雨。这时候，黄桷树就像是无私奉献的老师，默默地呵护着每一个孩子的成长。

秋天，黄桷树的树叶渐渐变黄，一阵风吹过，树叶慢慢悠悠地飘落，远远看去，操场上像飞舞着一只只金黄的蝴蝶。秋天的校园，显得更加朝气蓬勃，操场上有的同学在跳皮筋、有的在踢毽子，有的在丢沙包，还有的在黄桷树下看书画画，伴随着微风和落叶，欢快的笑声和嬉闹声充满了整个校园。学生们来了又去，只有老师们像这黄桷树一样，日复一日，年复一年，守候着这片校园。

冬天，寒冷的空气席卷整个校园，其他树木都只剩下光秃秃的枝干，只有黄桷树依然显示出顽强的生命力，在寒风中保留着一抹绿色，不畏严寒，昂首向前。这个季节的重庆总是多雨而又阴沉，但也别有一番烟雨朦胧之美，黄桷老树伴随着孩子们走过酷暑，也走过严寒，它们用自己的坚持和默默奉献，影响着一代又一代的学子。

黄桷树正是以这样顽强的精神，和曾家岩小学一起走过了一个世纪的风风雨雨。作为曾家岩小学历史的见证者，它们默默地守望着这方土地，如同这所学校里的老师一般，默默地为学生们挡风遮雨，无声而又坚定。

老师们就是校园里矗立不动的高大的黄桷树，学生们就是来了又去，去了又来的一朵又一朵的云。老师们所要做的，就是摇动孩子们天真无邪的童年，推动孩子们走向健康成长的路，用自己真诚无私的灵魂唤醒孩子们渴望走向未来的灵魂。

雅斯贝尔斯的话告诉我们：教育真正的价值是一种启蒙，一种唤醒，一种打开，一种点燃，一种开悟，一种力量……

撰稿：李开云

31.
集团化办学上台阶

如果说明诚之路是一条不断求索之路，是一条漫漫长征之路，那么，集团化办学，就是曾家岩小学在探索之路上迈上的重要一级台阶。

为了深入贯彻落实党的十八大和十八届三中、四中、五中全会精神，努力办好人民满意的教育，也为了加快渝中教育优质均衡发展步伐，缓解学生择校难题，2017年2月24日，重庆市渝中区教育委员会决定，在中小学幼儿园开展集团化办学改革试点工作。

在得知这一消息之后，曾家岩小学马上进行了积极的响应，加入了以人民小学为龙头学校的小学阶段集团化办学。加入教育集团，意味着集团内各校能够逐步实现资源共享、教师同成长、质量齐提高的发展目标，从而加快曾家岩小学的发展与内涵的提升。这是曾家岩小学发展的机会，也是让曾家岩小学的学生们获得更好教育资源的机会。

集团化办学项目由渝中区教委牵头组织实施，负责总的统筹规划与宏观管理，而各个集团校又由各自的龙头学校进行牵头。在参与到集团化办学的项目中来后，曾家岩小学和其他各校始终保持着对彼此的尊重，继续保持和发扬各自的学校文化和

人民小学教育集团开展工作研讨会

办学特色。

凡事预则立，不预则废，制订一个完整的计划和方案是做好任何项目的重要前提。经集团校合议后，首先研究制订了教育集团发展的章程、长远发展规划与年度工作计划。在这一过程当中，各个集团校成员逐步建立起了以共同愿景为灵魂、以制度体系为框架的运行机制。随后，曾家岩小学又与各个成员校共同建立起了重大事项议事协商的机制。随着机制的建立，集团校对各个成员校的办学理念、特色发展、队伍建设、文化建设、课程改革以及集团需要协同开展的大型师生活动等重大事项均进行了共同的研究和协商。

在进行了多次研讨活动之后，曾家岩小学的校领导感慨良多。之前，很多人认为办学思想只是印在墙上、写在纸上、挂在嘴上的，对工作的实际意义不大。但是随着项目实验的深入，曾家岩小学对自己的办学理念进行了重新梳理，再一次感触到学校那强烈跳动的心脏，挖掘到那深植沃土的根基。在那一刻，领导意识到学校的办学理念其实无比重要，而绝非形同虚设。

集团化办学成果汇报

明白了这一道理之后，曾家岩小学加快了对办学思想的建设。历经数月的提炼之后，曾家岩小学的办学理念系统日臻完善，前方的道路也越发清晰。而集团校在此期间，也逐步建立起了重大事项的决策、执行、监督、保障等机制。

曾家岩小学校长邓红洁发表欢迎辞

"随风潜入夜，润物细无声。"老师就好像春夜细雨一般，他们的一言一行无不悄然滋润着孩子们的心灵，给孩子们带来了很大的影响。所以在解决了内部的一系列问题之后，集团校便开始着手对各校教师的培养。

经过共同的研究和讨论之后，集团校决定使用渝中区教委下发的项目经费，用来构建干部教师共同培养机制。随后，集团校在内部干部教师中挑选出一部分进行培训，并进行了多种形式的集团内干部教师研修交流活动：如教师交流轮岗、跨校兼课执教和中层管理干部跨校兼职、异校挂职、交叉任职等。此举促进了集团内干部教师的共同学习、共同发展，使得干部教师队伍的整体素质得到了提高。

为了推进教育教学相对融合，集团校还建立了教育教学管理机构，对德育工作、学科教学、考核评价等进行管理指导。在学科备课组交流、教研组建设、课堂教学研究、大型教学培训等方面加强合作交流，并定期开展集体备课、听评课、专题研究以及教研等活动。在教学计划制订、教学评估、教学常规检查、教学进度安排、教学质量监测评价、学生综合素质评价、各类考试考查等方面相互沟通协调，探索推进相关标准和要求的融合。除此之外，统筹举行重大的体育、艺术、德育、科技、社会实践、研学旅行及有关节庆等师生活动。

为了促进教育教学资源共享，集团内各成员校之间的功能室、实验室、运动场、游泳馆等硬件资源以及课程资源、教育教学管理等软件资源统筹整合，协同开发建设，全部实行共享共用，不断实现集团内学校优质办学资源共享、差异互补。使集团内各成员学校共同促进特色发展、课程改革、文化建设等当前教育改革发展的重点、热点、难点问题的探索与实践，合作进行重大教育科研课题研究，共享教育改革发展成果，共同提高教育教学质量。

参加集团化办学以来，曾家岩小学不忘初心，始终秉承着"启蒙养正　明诚立人"的办学理念，坚持着"求真　至善　尚美"的校训。无论是从校园文化的挖掘到课程设置的优化，还是从课堂效能的提高到教研方式的创新，都形成了教师学习、实践、研究、提升的良性态势。在课程开发上，曾家岩小学注重学生核心素养的培养，注重传统与未来的对接，注重精神与能力的并进，"明诚根养"课程为学生的终身学习赋予了时代的新意义。

"虽然路途漫长，但那份执着却从未懈怠过。"这是曾家岩小学师生们对自己的评价。学校始终坚定地认为，只要有一丝光亮，曾家岩小学的成员就永远不会停止探索和追求。或许寻找光源的路程会无比艰难，但他们坚信，总有一天，学校能够把这光源握在手中，发光发热、照亮更多的人。

撰稿：邓红洁

32.
"教学客串"探新路

爱的伟大之处在于，它让我们克服自身的缺陷，把我们从狭隘的自我世界解放出去，去探索和关怀别人的世界，带给别人成长的同时，也得到了自我救赎与升华。

正是源于对学生深层次的爱，秉承"只有教师成长了，学生才能学到更多的知识"的理念，曾家岩小学创造性地提出了"教学客串"这一教研新模式。

客串，在过去指非戏曲演员参加戏曲演出或者演员临时扮演自己本行以外的角色。曾家岩小学针对教师专业发展中的典型问题，创建并实践了"教学客串"的教研模式。

"教学客串"是指在班级授课制下，不同教师按照一定的规律和要求相互客串班级教学，其目的旨在提升教师的教学适应能力，刺激教师的教学动力，撬动教师的职业习惯性，促进教师可持续专业发展，减缓教师的职业倦怠，是一种特殊的教研模式。通过换班上课这一"教学客串"形式，面对不同的学生，教师就会去思考如何把课上好，从而带动老师对课程的研究、对学生的研究，以达到教师之间互相学习优点、激发教学热情、提高整体教学能力的目的。

作为"教师教育创新示范学校"其中的一个板块，"教学客串"不但激发了学校内部的教学活力，也促进了集团化办学的进步，还在中加教师教育和学校教育互惠学习项目中起到了重要作用。

"教学客串"构想的提出，来自外部因素的有力驱动。2013年，渝中区教委和西南大学合作并正式启动"教师教育创新示范试验区项目"。项目专家组顶层设计了"三教并进、三课统整"的推进模式，将教学、教研、教管整体推进，将课程、课堂、课题统筹设计。在项目"三教推进"的实践过程中，项目专家组创造性地发现"客串教研"这一新型模式能将教

课题开题会

学与教研、教管有机串联在一起。

"教学客串"构想的提出，也有着学校内部的发展需求。在调研过程中发现，教学工作中的周而复始难免会使一些教师出现倦怠现象，造成教师的内驱力不足。如何让教师保持长期学习和成长的状态，成了课题组想要解决的问题。

专家项目组希望通过"教学客串"，进一步唤醒教师主动认识自我与成长的意识，进一步增强教师职业生涯发展的造血机制，使得教学教研成为一种有氧运动，引导教师进入一种生动的、充满活力的、无限精彩的教学状态，不断增强他们的幸福感和成就感，最终促进教师的精神成长和专业发展。正是在这样的背景下，项目专家组创造性地提出了"教学客串"这一构想，得到了主管部门的支持。虽然构想提出来了，但需要各个相关学校去落实、去探索、去具体化。在这一过程中，曾家岩小学提炼和总结出了一套独有的"教学客串"教研新模式。

"教学客串"到底怎么做？最开始接触"客串课堂"的时候，一小部分老师并不大乐意接受。因为有变革就会有痛苦，"客串课堂"间接增加了工作量。以前的教研大多都是示范课、研讨课，很多老师不大愿意上，因为那意味着让教师成为一个受人批评的靶子。基于这样的现状，学校设计了"向你学习 给你建议"的主题，先向优秀的老师学习，再来提建

教学客串活动

议，来发现别人的亮点。通过这样循序渐进的方式，让老师们慢慢适应"客串课堂"。

基于教师教育创新示范学校建设任务，曾家岩小学提出了"三多学导"教学客串模式。所谓"三多"，指多层、多型、多维。多层，是指客串教师人员确定上，须包括同层、邻层、跨层（近跨、远跨）；多型，是指课型包括同科同课、同科异课、异科异课、异国同题客串，从中促使教师获得比照性成长、系统性成长和综合性成长；多维，是指客串评价主体涵盖授课教师自身、听课教师、听课学生多个方面。所谓"学导"，是基于"教学客串"活动实践提炼形成的"学导课堂"教学模式，以"因学定教，先学后导"这一教学理念为核心，从"预学导疑""探学导思""慧学导法""活学导用"四个环节来支撑"学导课堂"教学模式改革展开。"学导课堂"的提出，便于客串教师围绕这一主题引领课堂教学改革，开展深度教研。

要成为一个经验丰富的教学熟手，必定需要反思。曾家岩小学借鉴教育发达地区学校的经验，制订出了一份科学的评价表，通过评价表，便可以知道课堂上教学方式的得失利弊。

关于多层，是指同层客串和零层客串以及跨层客串，同层是指同年级不同班级的老师，这样老师因为有了对比一定会尽心尽力准备；零层则分两种，一种是骨干教师和普通教师上同一内容的课，一种是成熟教师和新手教师，这两种都能起到示范作用，能够带动教师群体的成长；另外还有一种跨层，这就是一种跨度比较大的客串，比如市级的教研员和普通教师上同一节课。有了多层的客串，老师们对教学程度就有了立体感。

对于异国同题的客串，曾家岩小学一直做得不错。通过与曾家岩小学合作的加拿大温莎爱德华王子小学进行节日传统文化以及地域特色文化的交流，通过中加"教学客串"同课异构，切磋教学技艺，交流教学经验，让师生进行多元文化的接触，使教师更好地适应和参与迅速变化的国内、国际环境，进一步促进教师的自我提高、自我完善，增强国际竞争能力，增加国际化内容，促使教师面向世界、重视借鉴他国之长，把本国教育融入国际教育中，使之更具有世界知识和世界眼光，使其从以前单纯的文化交流纳入了客串教研当中。

自 2014 年以来，曾家岩小学历经顶层设计、理论研究、点上实验、面上推广等阶段，创建并检验了"教学客串"模式，在实践中引领了一批又一批教师和学生的发展与成长。

围绕教学客串，结合学校实践，曾家岩小学建立了以客串推进制度为中心，学科客串研讨制度、过程资料搜集制度、教学客串评价制度、教学客串激励制度、教师心理督导制度等相配套的制度体系，保障客串活动的顺利和有效，保障教师获得持续有效的专业发展。

通过近三年的行动和推广，"教学客串"推动教师群体专业发展的效果明显，在市内外产生了积极影响，为小学教师专业发展、课堂教学改革探索出了一条新的路子。"教学客串"模式的开发与应用，推动学校科研成果不断涌现，增幅明显。自 2013 年项目启动以来，成果团队主持课题共 6 项，省部级课题 2 项，区级课题 4 项；出版专著 2 部，发表论文 28 篇（其中核心期刊 2 篇）；学校获奖 31 项，教师获奖 186 项，学生获奖 806 项，共计 1 023 项。这些科研成果的取得，在学校办学历史上前所未有。

爱的力量是伟大的。曾家岩小学在教育教学改革上率先垂范开展行动研究，彰显了教育理性、教育信念与教育追求，体现了教育勇气和教育智慧。未来，曾家岩小学将继续潜行，将"教学客串"模式进一步完善、践行与推广，让更多的区域、学校、课堂、教师、学生受益。

撰稿：邓红洁

33.
"解决实际问题"的数学课改

改变是如此困难，但唯有改变，才能成功。

在新课程改革背景下，小学数学教学在许多方面发生了重大变化，解决问题的教学便是其中之一。以《全日制义务教育数学课程标准》（以下简称《标准》）的颁布为界，在之前的教学中，解决问题主要是指解决应用题。

所谓应用题，就是"从实际生活中提取出来，让学生运用所学的数学知识来解决问题的习题。"解决应用题的教学在小学数学教学中占有非常重要的地位，而且经过多年的教学实践，已经把小学数学应用题教学的研究提升到了一个相当高的水平，逐渐形成了应用题教学

"解决问题"研究

的理论体系和实践成果。

但在《标准》颁布之后，"解决问题"的教学已成为小学数学教学的一个主要任务，而培养学生在模拟的现实情境中提出问题、分析问题、解决问题的能力是小学数学新课程标准的一个基本要求，也是小学数学教学的一个主要目标。

课标实验教材更是打破了传统的以"应用题"作为一个独立教学领域的格局，"化整为零"的编排已经看不到"应用题"这个名词了，取代它的是"生活中的简单问题"和"简单的实际问题"，"解答应用题"也变成了"解决实际问题"。

多年积累下来的应用题教学实践经验和方法使很多教师不习惯、不适应如今的"解决问题"的教学，小学数学"解决问题"的教学逐渐成了困扰数学教师教学的重要问题，引起了广大数学教师以及专家们越来越多的重视和研究。

在多年的教学实践中，曾家岩小学的数学教师们也发现了很多问题。例如学生分析推理能力、抽象思维能力并没有得到太大提高，具体表现为"学生看不懂图表所表述的实际问题""两步及以上计算的实际问题学生找不着分析思路"，而且学生两极分化情况也愈加严重，在小学中、高年级还有部分学生"惧怕解决问题"，甚至还有个别学生产生了厌恶学习数学的情绪。为了解决这个难题，曾家岩小学在2010年申报了"小学数学解决问题的研究与实践"课题。

课题组提出了"解决问题"教学模式的假设："理解题意（选择有用信息、提出问题）——制订解题计划并解答（探索解决问题的方法）——检查反思解决问题的过程"。在教学中，按照这一假设，合理运用解决问题策略，帮助学生形成"解决问题"的一些有效策略，体验解决问题方法的多样性，提高课堂教学的有效性。

解决问题过程的第一步就是要在问题情境中找到有用的数学信息和要解决的是什么问题，这是学生解决问题之前最重要的一步。如果学生不明确他们要做什么，下面的步骤也不可能做好。这一步，我们主要从以下方法培养学生理解题意的能力。

"读"——就是认真读题，初步了解题意。读题是了解题目内容的第一步，是培养审题能力的开始。一年级教师要进行范读、领读。读题时要训练学生做到不添字、不漏字，不读错字，不读断句。二年级开始培养学生独立朗读、逐步过渡到轻声读、默读，养成自觉通过默读理解题意的习惯。三年级起要培养学生默读、边读边想的读题习惯。

"述"——就是复述题意，再次熟悉题意。用自己的话复述题意，能促进学生进一步分析清楚应用题的情节，使题目内容转化为鲜明的表象，让学生真正进入角色。复述题意能准确地反映出学生对题意的理解程度，也有利于培养学生的概括能力和数学语言的表达能力，从而提高理解题意的能力。

"敲"——就是仔细推敲字、词、句，准确理解题意。语言文字是应用题各种关系的纽带，也是解题的拦路虎。因此，在概括了题目大意之后，要引导学生像学语文一样精读，理解题中每个字、词、句的意义，培养学生书面语言的阅读能力。

"拟"——就是模拟情景，展示数量关系，有些题目可通过指导学生列表、画图、类比等方法模拟问题情景，使数量关系直观全面地展示出来，进而扫除理解题意的障碍。

另外，根据具体的问题，还可以通过"抓关键词""对比练习""提问引导""适时点拨"等方法突破学生理解题意的难点，让学生在审题出现困难时不急不躁，有法可循。还可以通过"勾画关联句、关键词、摘录条件、画出示意图"等手段强化学生的审题意识，养成

"解决问题"研究

沉下心来审题的习惯，尽量避免非智力因素对解决问题所带来的负面影响。

解决问题的策略教学常常有一些困惑，如列表方法解决问题往往是教师告诉学生解答这道题要先要列表，然后让学生依据现成的表格把表填完整，再根据表格思考数量关系并解答。但是为什么要列表？学生还是不清楚，只是老师说"要列表"，所以学生就按老师的要求列表。在独立解题时，没有了老师的提醒，因此就不知道列表了，也就是学生并没有形成这样的策略，没有把列表变成自己在实际解题时的自觉行动。

从字面上理解"策略"的话，它应该是应对新问题的方式方法。"解决问题的策略"，是学生用智慧解决问题的全过程，不应该仅局限在"方式方法"这个点上。但是，教学应该通过这个"点"，让学生经历解决问题的过程，理解掌握具体的"方式方法"，并能灵活地运用，真正体会到"策略"的价值。一方面让学生在掌握方法的基础上形成策略，另一方面让整个小学数学阶段进行不同策略的相互渗透与运用。策略的形成可能是一个学期能养成的，也可能是整个小学阶段或更长的时间养成的，具有全面性、整体性和时效性。

形成解决问题的基本策略，就是要掌握"分析"与"综合"的思考方法及帮助理解题意和分析数量关系的辅助手段，如"操作与模拟""摘录条件和问题""列表整理信息""画

"解决问题"研究

线段图或示意图"等。

策略是学生为解决问题而展开数学思维时的尝试、选择、优化的过程，策略也是学生解决一类问题时选择方法的意识。方法是策略的构成要素，策略是方法的概括。策略必须通过方法的展示来感悟和提炼。如果我们能学会"求异＋求同"的思维方式，我们就可以减少许多类似的困惑，增强对新理念、新教材的把握和处理能力。因此在教学中将"策略"诠释为一种选择"方法"的过程更确切。

经过一段时间的探索，曾家岩小学总结出了一套通用的解决问题的策略：

分析与综合，这是解决问题的基本策略，这个策略的核心是掌握数量关系。

列表，列举符合一个条件的各种解决问题的方案，再对照其他条件，直到选出合适的一个或多个方案。

数形结合，就是用图形表示量与量的关系。"数形结合"是数学中比较重要的一种思想方法和解题策略，其实质是将抽象的数学语言与直观的图像结合起来，在数的问题与形的问题之间互相转换，使数的问题图形化、形的问题代数化，从而使复杂题简单化、抽象问题具体化。

转化，是把某一个数学问题，通过适当的变化转化成另一个数学问题来思考。看起来比较复杂的没有现成计算方法的问题，通过化简、拼凑、变形等方法将新知识转移到学过的知识上，从旧知识中得出新知识。如"平行四边形面积公式的推导"就需要学生动手制作、画一画、剪一剪、拼一拼，如拼成一个和它面积相等的长方形或者正方形。这样做可以使学生从中感悟到将要学的知识化成旧知识，让学生通过各种操作、推理获得新知识，感悟出解决问题的策略。又如在解决复杂的分数问题时，常常将不同的单位"1"转化成统一的单位"1"，使隐蔽的数量关系明朗化。常常用到从分数的意义出发，把分数变成分数进行率的转化、运用分率进行率的转化、通过恒等变形进行率的转化等。

假设，通过对某种量的假设，再依照已知条件进行推算、进行比较，做出适当调整，从而找到正确答案。

一旦问题解决了，就应该让学生反思在这个过程中他们做了什么，怎么做的，做得怎样等问题。我们确定了应从围绕数据核对、方法回顾、检查计算这三个方面进行教学设计，引导学生进行"解决问题"过程的反思。

数据核对就是引导学生观察算式中的数据是否是题中的已知条件。让学生在反思之初就能把算式中用的信息（数据）与问题情境中的信息进行核对，验证是否正确。

方法回顾就是引导学生回忆解决问题的思路。让学生充分阐述列式之前的思考过程，说出解答方案的道理。

检查计算就是引导学生思考计算结果的正确性。让学生学会用合理的方法检验，让计算结果作为一个条件参与运算，看能否倒推出另一个条件，看其是否符合题意。

课题组就是从这三个方面让学生经历检查反思的过程，完成解决问题的最后一个程序。通过这样的教学模式，能让学生充分意识到"解决问题"的完整过程是："理解题意（选择有用信息、提出问题）——制订解题计划并解答（探索解决问题的方法）——检查反思解决问题"三个程序，这样有利于培养学生评价、反思的意识和能力。

解决问题的研究是数学教学有效性研究的热门课题，国内致力于该课题研究的专家及教师为数不少，但多是以解决问题的策略研究为主，有的还形成了比较有影响力的专题研究报告，这为曾家岩小学的课题研究提供了宝贵的研究基础，但以解决问题教学的整体性研究还不多见。

曾家岩小学近年完成的课题研究，已取得了较好的成绩，其中《教师适应能力的研究》已顺利结题，获得了较高的评价。为了进一步探索解决问题的教学，更好地提高学生解决问题的能力，发展学生的思维，曾家岩小学的老师们继续研究着相关课题的研究……集大家的智慧，在小学数学教学改革的路上不断前行。

撰稿：邓红洁

34.
发现课外阅读的力量

走进曾家岩小学，一股浓浓的书香气息扑面而来：厚重古朴的明诚墙边、高大挺拔的黄桷树下、宽敞明亮的阅览室里，甚至每个教室的阅读角、教学楼楼道的拐弯处，随处可见孩子们专注读书的身影。

曾家岩小学的师生们深知，陶醉在阅读世界里是一种快乐，书中人物的命运，书中情节的发展，都会通过眼睛，经过感觉，透过想象，融入阅读者的内心深处。在阅读中感悟人生，在阅读中汲取力量，这是语文课外阅读能力的重要体现。

王渝梅，曾家岩小学的一名市级骨干教师，2011 年曾参加过"区域整体推进小学生课外阅读能力发展实践研究"的课题研究。这个课题一直持续到 2013 年，对于这个课题，王渝梅老师深有体会。

"课外阅读"研究

"作为语文老师，我们一直很担忧这样一件事情——近几年的考试太过于重视分数，课外阅读的地位虽说看得重但实际上落实到位做得很不够。有一次我们在与某位高中老师交流高考情况时，他告诉我们说有学生高考总分考了六百多分，但语文成绩竟然只有九十几分，这让我们深感震惊和诧异！"王渝梅老师如是说。

正当老师们苦恼于如何提升学生的阅读能力时，学校开展了"区域整体推进小学生课外阅读能力发展实践研究"的课题研究，大家都意识到这是提升学生语文素养的一个突破口，于是立马找到校长商量如何落实这个研究课题。

为了更好地开展课题研究，学校召集了全校语文教师开会，在会上每个语文教师都积极地提出了自己的建议，但是却发现一个很严重的问题，大家都知道应该要做，却不知道要怎么做。

老师们都知道阅读的重要性，所以在平时的教学中，也会推荐很多书让学生们读，但效果却一直不好。一是因为学生的课业压力太大，实在抽不出时间来阅读；二是因为阅读环境没有形成。学生在学校里还好，但是一回到家里就不行了，很多家里环境都是不适合阅读的，所以学生的阅读能力便一直处于停滞状态。

看到这个事实，课题组全体教师积极沟通交流、碰撞想法，但大家都知道，阅读是个奇妙的东西，读得多不一定写得好，阅读不像数学计算题，多做几遍就能找到规律，阅读时间碎片化，规律难寻，要提高阅读能力是很困难的事情，这是一个长期积累的过程。

虽然过程的确很难但一定要做。近几年全社会对儿童的生存状况与文化环境、成长问题与教育现状都十分重视，在对比了台湾地区、新加坡、西欧各国、美国的儿童教育后，曾家岩小学的老师们发现，中国的儿童教育与儿童发展状况存在着较为严重的问题。

曾家岩小学希望通过课外阅读兴趣及策略的研究，改善儿童生存的文化环境。那目前儿童所处的文化环境是怎么样的呢？儿童文化产品非常丰富，电子产品、影视产品、报刊产品、图书产品、网络产品等文化产品形态多样，但内容和质量却良莠不齐，而孩子和大多数家长对此都缺乏一定的鉴别能力。

尤其是满街充斥的电子产品让老师们极度不安。一方面，如今的社会知识更新得极快，不使用电子产品便跟不上时代发展的步伐，很容易和社会脱节，但电子产品内容上的不可控性，极容易让还没有形成正确三观的孩子们误入迷途，这是许多老师和家长们所深深担心的。

同时，文化单位全面推向市场，文化机构管理、文化经营场所监管缺乏有效手段或足够的力度；儿童文化设施建设跟不上，儿童文化宫、图书馆、科技馆、体育馆相对缺乏等现象仍然普遍存在。

再从大背景上说，目前中国处于社会转型期，这段时间各类价值观不断地冲击和碰撞带来的机会主义、功利主义、拜金主义，很容易由年轻的家长、老师传递给孩子。独生子女、留守儿童是很普遍的现象，孤独、敏感、空虚、自闭成为很多孩子的心理问题。在这样的环境下，如何保护儿童，让儿童健康成长，一直是以曾家岩小学的老师们为代表的教育工作者所密切关注的。

在此背景下，曾家岩小学第一个尝试是将推荐书目年龄化，每个年龄段都有适合的书籍要读，不再是广撒网地推荐，而是精准到每个年龄段。这样便要求每位语文老师必须研究每个年龄段学生的具体特征，例如一二年级的学生，本身识字能力就不强，所以就不应推荐文字很多的读本。而三四年级的学生，正是学习各种文体的时候，这时推荐的读本就应该是多元化的，散文、小说、寓言都要推荐给他们，让学生们在阅读中发展文体意识。

第二个尝试是将阅读环境校园化，不仅要在班级里设立阅读角，在校园楼道里也要设立阅读角，让阅读的身影无处不在，这样便能让学生的阅读时间化整为零。王渝梅老师在自己班的教室里就设了一个共享图书角，让班上的孩子每人带两本书放在共享图书角里。这样图书角的图书量就有了保证，还促进了学生之间以书会友、你来我往。

第三个尝试就是阅读活动化，学校组织各类的德育活动和实践活动，例如朗诵比赛、国学经典诵读，用外显的形式来呈现阅读的力量。学校每年各类的征文活动，光德育方面就不少于七八个，例如以爱家乡为主题的、以安全为主题的。这些活动的目的就是让学生将自己平时阅读到的东西具体化，书里的东西经过老师的口，再经过自己的大脑，最后通过自己的手书写出来。

　　"一本好书可以影响一个人的一生。"这是曾家岩小学的老师们一直坚信的理念。作为教育工作者和文化传播者，曾家岩小学期望通过阅读推广工作，改善孩子生存的文化环境，提高孩子的文化自觉意识，对孩子进行媒介素养教育，让孩子通过阅读这一有力工具，学会在信息的海洋里畅游而不迷失自己，学会在多元社会中找到自己的精神家园和成长方向。

撰稿：邓红洁

35.
互学互鉴

"国之交在于民相亲"，深刻领会了习总书记这句话的内涵的曾家岩小学师生积极行动起来，加入了"中加教师教育和学校教育互惠学习"活动，此举为学校打开了一扇国际化的窗口。这所在曾家岩地区鳞次栉比高楼掩映下的学校，从此有了放眼寰球、能直接与国际优秀教育理念交流对话的视野与平台。

重庆的三月，春风和煦，阳光融融。2017年3月15日，一群特殊的客人远涉重洋，来到曾家岩小学。

第一天，这群客人饶有兴致地走进课堂，观摩了语文、数学、音乐、美术、书法、品德与生活的课堂教学和品德与生活教研组的校本教研。他们在曾家岩小学书法老师的指导下体验了毛笔的神韵；在美术老师的指导下画出了传统国画——瓜果飘香；在音乐老师的指导下吹奏了中华民族乐器——葫芦丝。"哦，这太美妙了！"当听见悠扬的葫芦丝声在教室里回荡，看见自己亲手参与绘制的书法和国画作品在众人面前徐徐展开时，客人们都情不自禁地高呼起来，深深陶醉于中国传统艺术的无限魅力之中。

第二天，他们先是与部分学生见面交流，幽默风趣的英语演讲，赢得了孩子们的阵阵掌声和欢笑；然后双方就课程进行了深入的讨论；最后，这群客人与曾家岩小学的教师一同到曾家岩社区参加"四点半"课堂，进行义工教育服务。

为期两天的交流活动给双方都留下了美好的记忆。这群特殊的客人就是来自遥远的加拿大温莎爱德华王子学校的教师。此次来访交流，得到了"中国西南大学—加拿大温莎教育学院教师互惠学习"项目的支持，而曾家岩小学作为"教师教育"互惠学习的姊妹交流学校之一，承担了此次活动的接待任务。

中加教师教育与学校教育的互惠学习研究项目由温莎大学许世静博士和康奈利博士建立，并由加拿大社会科学基金资助。目前，该项目有 8 对姊妹学校，而温莎爱德华王子小学和曾家岩小学是其中一对非常重要的姊妹学校。项目成立以来，曾家岩小学的领导和老师也曾到加拿大交流访问。

由于远隔万里，视频交流成了双方的主要沟通渠道。中加每月都会进行既定主题的视频交流活动。

2017 年 3 月 1 日上午 7 点半，曾家岩小学邓红洁校长带领部分教师和四年级三班的孩子们同加拿大温莎爱德华王子小学的部分师生开展了视频交流活动。这次活动的主题是由曾家岩小学的孩子指导加方师生包饺子。从备料、拌馅到包、煮直至品尝，整个过程依次展开，双方热情高涨，干劲十足，教的一方和学的一方都一丝不苟、十分认真。包出来的饺子千姿百态，有的大，有的小，有的扁，有的圆……一个个饺子，既承载了姊妹校的情谊，也装满了两国孩子们快乐的心情。当孩子们吃着自己亲手包的饺子时，脸上都洋溢起了幸福的笑容。此次视频交流活动，让中加双方的师生受益匪浅，促进了两校的文化交流，也提高了孩子们的交际能力和动手能力。

中加国际交流活动

中加国际交流

　　2017年11月16日上午7点半，曾家岩小学的13名"交流大使"和老师们早早地就聚集在了教室，等待着又一次中加姊妹校视频交流活动的来临。

　　大家内心都充满着期待，脸上洋溢着激动的笑容。这次交流活动开始后，紧紧围绕着"找朋友"的主题有条不紊地进行。"找朋友"就是帮助曾家岩小学的13位学生代表和温莎爱德华王子小学的13名学生代表进行配对，让他们成为一对一的好朋友，互相学习，共同进步。

　　这一边，来自曾家岩小学五年级一班的李南希小朋友在进行自我介绍的时候，展示了自己亲手做的手链以及和家人一起去长城旅游时的照片。当李南希的小伙伴YohannaHabtamu（约翰娜汉姆）询问他最擅长画什么时，李南希开心又自豪地回答道："我最擅长画风景了！"

　　"Hello！"另一边，四年级一班的朱媛媛小朋友用英语跟Romeo（罗密欧）打起了招

中加国际交流活动

呼，并做了自我介绍。接下来，媛媛热情地向 Romeo（罗密欧）推荐了自己最近读的书籍《一千零一夜》。她们还聊到了各自的梦想，Romeo（罗密欧）告诉媛媛，自己长大后想当一名医生，去帮助生病的人解除病痛。

最后，加方七年级的三位学生向中方小朋友介绍了橄榄球这项在加拿大深受大众喜爱的运动。

在视频交流活动中，曾家岩小学一直在思考如何打破固有的远程交流模式，既要在形式上有所创新，又要思考如何突破自己。在交流过程中，学校强调"走心"：提出的问题要"走心"，交流的细节也要"走心"，要习惯于在交流中寻找问题，老师要去关注孩子们究竟能在视频会议中学到什么，建立一种线下和线上的双交流模式。在后期的视频交流过程中，不仅有双方学生参与，还邀请了学生的家长和朋友参与，这样做既丰富了视频交流的内容，又促进了双方深度的交流与融合。

在曾家岩小学的提议下，中加"曾·爱"读本诞生了。这是一套适合两国不同国情、不

中加国际交流活动

同校情但又能找到共同文化纽带的通俗读本。编写"曾·爱"读本，是共享教育资源的具体举措。由"专题探究""学科渗透""主题活动""实践体验"四个板块构成的读本，深受双方师生欢迎。双方以此读本为交流细化方案，将本项目的实践研究与校本课程建设有机地整合在一起。

例如小学一年级上册的读本包括如下要点：

①国籍、国旗、国歌

②介绍自己：身高、年龄、喜好

③"曾曾"一天的校园生活：佩戴红领巾、敬队礼、读书、做操、午餐……

④"爱爱"一天的课程安排：卡通课程表

中加国际交流活动

小学一年级下册的读本包括如下要点：

①我的家庭：成员介绍、画自己的家人、家庭环境描述

②最喜欢：各种人、舞、事、景……

③我的周末生活：走亲访友、户外郊游、帮家人做事、兴趣班

④我们的节日——六一国际儿童节

而小学高段（五、六年级）读本编写材料中则有这样的内容：

重庆的旅游名片 Chongqing's Tourism Business Card

重庆是座充满自然风光和人文情怀的城市。寒来暑往，来重庆游玩的旅客络绎不绝。

Chongqing is a city full of natural scenery and human feelings. Changing, an endless stream of tourists to visit Chongqing.

洪崖洞——以巴渝传统建筑特色的"吊脚楼"为主体风貌，依山就势，沿江而建。对于慕名而来的游客来说，它可是观楼眺江、品山城美食、赏巴渝文化的好去处，更是"夜重庆"的标志性名片。

Hongya cave — the "stilted building" featuring the traditional architectural features of ba and yu，is the main feature，which is built along the river. For the tourists who come here，it is a good place to view the river，taste mountain city food，and enjoy the culture of ba and yu. It is also the trademark card of "night Chongqing".

在这套校本教材中，既有重庆火锅这样的美食介绍，又有川剧变脸这样的文化呈现，还有长江三峡这样的美景内容，可谓丰富多彩。通过这套校本教材，将双方的交流固化下来，形成了一种可以流传的文化载体，从而更深层次地促进了双方的交流与融合。

学生和教师的跨国交流是教育国际化的重要标志之一，自本项目启动以来，取得了显著的成果。这种全球化思维下的互学互鉴具有非凡的意义。

搭建了开拓教育国际视野的平台。通过加拿大外教执教课堂，班级与学生进行互动交流，让更多的孩子和国际教学方式面对面接触；通过校本教材，共享教育资源；通过教师互访，切磋教学技艺，促进了中加教育文化交流。

拓展了国际视野，促进了教师专业成长。通过中加"教学客串"同课异构、姊妹校教师互访活动、定期互派一线老师培训和进修来加大相互交流的力度，使教师更好地适应和参与迅速变化的国内、国际环境，进一步促进教师的自我提高、自我完善，增强国际竞争能力，增加国际化内容，促使教师面向世界，重视借鉴、学习他国之长，把本国教育融入国际教育中，使他们更具有世界知识和世界眼光。

开阔了学生眼界，感受了国际氛围。坚持信件交流、每个学期三次视频交流活动，每次交流活动都做到了主题明确，围绕孩子们的生活对话。通过国际视野的交流活动，中西文化的对比碰撞、相互交融，每一位学生在相应的知识、能力、素质等方面均得到了提升，形成了开阔的国际视野和对多元文化的认同与理解。

中加姊妹校 曾家岩小学 爱德华王子小学

　　学生、老师、家长、社区全参与，共促姊妹校健康发展。曾家岩小学的学生家长和所在社区对本项目研究也给予了大力关注与支持，热度较高、力度较大，逐步形成了以学生为主体，老师、家长、社区有关人士共同参与的项目研究群体，使学校的每一位学生都能以学习主体的角色投入到自主探究、合作学习中，同时使其实践能力得到着重培养。这是十分珍贵的教育资源，提高了"国际视野教育"的知晓度、认同度。

　　"民相亲在于心相通"，这句话中所指的"心相通"很大一部分就是指文化的相通、文化的交流、文化的互鉴。中加教师互惠学习项目开展以来，中加两地师生以文化为纽带，通过思想的交流和碰撞，带来了中西方文化教育理念的交流与融合。中加姊妹校的建立和交往，加深了双方的友谊，双方在互惠互学中得以共同发展。曾家岩小学对于中国传统文化的教学展示和独特的育人环境，也得到了加拿大温莎大学教育学院蒙哥马利（Montgomery）院长的高度认可和赞赏。

撰稿：邓红洁

36.

"恩来精神"永传扬

走进曾家岩小学大门，一尊金黄色的半身人物铜像雕塑跃入眼帘。塑像人物就是我们敬爱的周恩来总理，他目光坚定，面带微笑。塑像的底座上，镌刻着"为中华之崛起而读书"几个大字。无论春夏秋冬，这尊雕塑都在迎接着校园的每一个晨昏，迎接着每一位到来的老师和同学。

这尊周恩来塑像，就是学校"恩来精神"的物化之作。

早在 2008 年，学校就开始了"特色办学"的思考和行动。怎样在学校文化和学校特色中寻求和谐和个性，寻求学校管理和特色发展的有机结合，是曾家岩小学创办特色学校所要思考的问题。

曾家岩小学地处曾家岩 52 号，与著名的周公馆毗邻，这里曾经是一块红色的充满奋进色彩的热土。抗日战争期间，为促成民族统一共同抗日，周恩来同志等老一辈无产阶级革命家曾经在这里留下了战斗的足迹。至今学校还保留有一处抗战时期的防空洞遗址，这成为那个时代的见证。

正是在这样的背景下，"恩来精神"被提炼了出来。

少年时的周恩来就喊出了振聋发聩的时代强音——"为中华之崛起而读书"，此后他和他的战友们披荆斩棘，引领着中华民族浴火重生。这句话是周总理少年时的人生志向，也应该成为学生的行动指南，曾家岩小学正是以此鼓励学生像周总理那样奋发进取、开拓创新，把自己的未来与国家民族的命运紧紧地连接在一起。

对学校来讲，提倡"恩来精神"就是要以这样的一种精神和目标鞭策、激励、鼓舞师生，极力营造出一种既奋发进取又宽容和谐的良好氛围，使学校在内涵发展上走出一条具有曾家岩小学风貌的特色之路，让学校在激烈的教育竞争中得到家长、社会、上级、同行的认可，办人民满意的教育，办时代需要的教育。

对教师来讲，学习"恩来精神"就是在工作中勤勤恳恳，任劳任怨，全心全意地为学生服务；严于律己，廉洁从教，无私忘我；学习团结同志，积极协作，关心他人，调动各种积极因素一起做好工作；求真务实，脚踏实地，对教育充满理想和激情，要以"中小教师职业道德规范"为准绳，"学高身正爱生"，保证自己有上进的思想、过硬的技能、规范的行为、反思的态度、师表的作用。

对学生来讲，学习"恩来精神"就是学习一种阳光向上的进取精神，刻苦好学的奋斗精神，自主自信、自律自强的优秀品质，团结协作、开拓创新的意识行为，尊重宽容、爱国爱民的人生态度以及高尚的品德和较强的学习能力，以此来实现自身的健康成长。

周恩来雕像和少先队员

这尊周恩来总理的铜像，不仅发挥着教育阵地作用，还成为学校形象化的符号，学校的精神堡垒，是新教师宣誓、新队员入队、班队会教育的场所。学校围绕"恩来精神"的特色德育活动也开展得有声有色。

2008年11月27日，学校以"红岩班"为代表的四年级全体同学参加了中共重庆市委宣传部、共青团重庆市委、重庆红岩联线文化发展管理中心等部门联合主办的重庆市青少年"忆红岩谋发展"主题活动，市委相关领导亲自为学校"红岩班"授牌。

2009年5月1日，学校以"红岩班""周恩来班"为代表的80位同学参加了由市委宣传部、市文广局主办，在红岩村革命历史博物馆举行的"记忆重庆——世纪照片回顾展"。珍贵的照片、历史的记忆，为同学们上了一堂生动的爱国主义教育课。

2009年，学校少先队员参加了由重庆市委、市府主办、红岩联线文化发展管理中心承办的"重庆'11.27'红岩烈士殉难60周年祭扫渣滓洞现场的主题队会直播活动"。这次生动且有教育意义的班队活动得到了上级领导的高度肯定，得到了众多的中外游客的一致好评，中央电视台、重庆卫视等新闻媒体也到现场作了及时报道。这次活动的成功举行不仅让学生在活动体验中深受教育，更有力地推动了学校的革命传统特色教育的深入开展。

"恩来精神"具有丰富的时代价值和教育意义，它所蕴含的"勤奋好学、艰苦奋斗、勇于创新，敬业奉献，求真务实，团结协作、自律修身"等核心精神，是教育和引导青少年学会生活、学会做人、树立正确的世界观、人生观、价值观的重要内容。通过创建"恩来精神"特色学校，弘扬"红岩文化"，曾家岩小学促进了学生的全面发展和个性健康成长，形成了优良的校风、教风、学风，塑造了学校良好的形象，提高了办学满意度。我们坚信，已融入师生血脉的"恩来精神"必将在曾家岩小学这块热土上得以永远永久传扬！

撰稿：邓红洁

37.
志愿服务见行动

　　除了学生志愿者，作为以"求真　至善　尚美"为校风的曾家岩小学的教师们，也从来没有忘记过对"真　善　美"的追求。

　　2013 年 5 月 4 日，曾家岩小学首次成立了教师志愿者服务队，它是渝中区第一支注册的教师志愿者队伍，每个人都在重庆志愿服务网上进行了正式的注册。在成立仪式上，有关领导悉数到场，表达了殷切希望与祝愿，邓红洁校长宣读了管理章程和规章制度。队伍成立之初只有 20 多名老师，如今已发展到 40 多人。学校每年新入职的教职工，都第一时间自愿加入了这支队伍。

　　完成注册的教师志愿者，并非只挂个空名，而是马上采取行动。他们的目光首先落到了双职工家庭的孩子身上。

　　按照教育部门的相关规定，小学生每天在校集中学习的时间不超过 6 小时，许多小学将放学时间定在下午 3 点半—4 点半。然而，这个时间点放学对于双职工父母和外来务工家

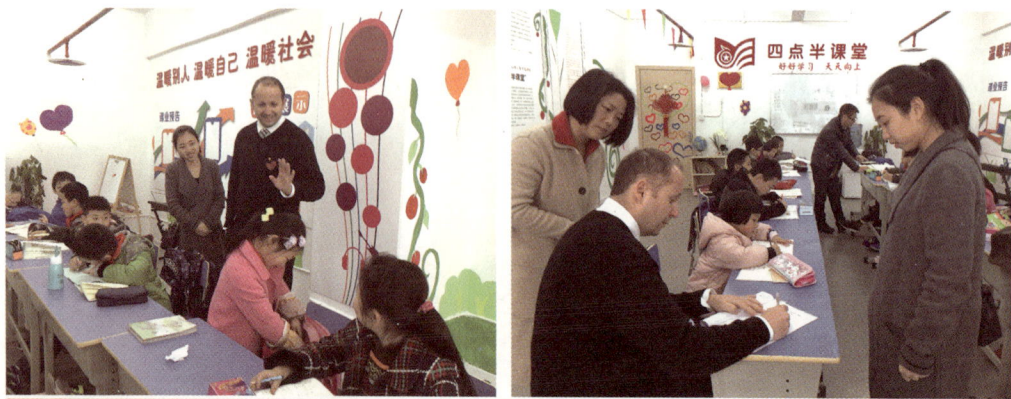

"四点半课堂"授课

长而言，却有一些尴尬和苦恼，由于父母都要上班，无法抽身去学校接孩子。即使家中老人把孩子接回来了，如放任其在外玩耍也怕出事故，如让孩子在家也是看动画片等电视节目消磨时间。曾家岩小学有许多这样的双职工家庭

学校青年志愿者

的孩子，所以曾家岩小学的教师志愿者们把这些情况都看在了眼里，内心十分想为这些双职工家庭的孩子们做些什么。

为破解小学生"四点半难题"，渝中区团委在渝中区名流公馆开设了市民学校"4点半课堂"。由曾家岩社区提供场地，每天邀请至少3名热心志愿者，包含大学教授、大学生以及小学老师等，为辖区内的小学生免费进行课外辅导、交流陪护或开展一些兴趣活动。曾家岩小学的教师志愿者对此做出了及时、积极地响应，只要一有时间，就会到"4点半课堂"对孩子们进行义务辅导，把这里当成了实践志愿服务活动的主要阵地。

对于很多双职工家庭来说，曾家岩小学教师志愿者的这一举措，着实解决了他们的一个大问题。很多家长还专程来到学校，向教师志愿者当面致谢：把孩子交给曾家岩小学的老师，我们很放心！

除此之外，曾家岩小学的教师志愿者还会不时地对学校的贫困学生进行帮助，大家自愿筹款帮助贫困学生购买学习用品。为了培养孩子们的爱心，每个学期，教师志愿者都会带上孩子们去曾家岩敬老院慰问老人，或是去学校附近的孤寡老人、空巢老人的家中进行帮扶。活动过程中，孩子们负责表演小节目，逗老人开心，而老师们则负责给老人送去油、米等生活必需品，他们擦窗户、拖地板、收拾屋子，不怕脏、不怕累，干活很起劲，得到了曾家岩

敬老院、社区居民和居委会的高度赞扬。

一次，曾家岩小学的教师志愿者到独居老人李婆婆家慰问，在送去了牛奶和大米等慰问品之后，志愿者们和李婆婆唠起了家常。在聊天过程中，志愿者们了解到李婆婆已经很长时间没有见过在美国的儿子了，但她不会使用智能手机，家里也没有 Wi-Fi。了解到这个情况后，教师志愿者主动完善了这些条件，安排李婆婆和她在美国的儿子进行了一次视频通话。视频通话结束后，李婆婆的眼里泛起了泪光，忙不迭地向教师志愿者表达了自己的感激之情：要不是你们，我还不知道要等到啥时候能看到我儿子呢！

也正是这种"求真 至善 尚美"的浓郁校风，使得曾家岩小学现在不只是学生和教师，很多家长也受到了他们的感染加入到了志愿者的行列。

如今，除了开展学校常规课程以外，曾家岩小学还会定期地举办一些实践活动和兴趣活动，让家长给学生和老师们讲课，讲述各行各业的知识。这样一来，既让家长参与到了学校的活动中来，又增进了和孩子之间的感情。这堪称是一场"美丽的约会"，不仅家长们对学校教学、对孩子的学习有了多角度的了解，孩子们也能了解到父母的职业和更多的课外知识。学校还让家长进食堂义务值班，监督食品安全，加入学校管理的队伍，让学校办学更加公开化、透明化。由于家长对孩子的身体健康十分重视，都踊跃参与这项活动。

曾家岩小学校门口就是公路，在校方的鼓励下，家长们主动穿上安全服，在上学、放学时引导学生过公路，当起了志愿安全员。这样一来，家长既参与到了学校学生安全的管理中来，也树立起了自己的安全意识。

参与了这些志愿活动的家长都颇为感慨，在向辛勤付出的老师们表示感谢的同时，还纷纷提出今后一定积极配合学校、老师的教育，促进孩子进一步茁壮成长，静待花开。

"真 善 美"历来是中国传统文化的核心。曾家岩小学遵循中国传统文化，多年来一直都秉持"求真 至善 尚美"的校风，学生、教师、家长志愿者的不断涌现就是对这一传承百年的优良传统的最好诠释。

撰稿：邓红洁

38.
光荣的"红岩好少年"

"游客们，大家好！欢迎来到曾家岩 50 号——周公馆。请往我左手边看，眼前这条路，就是被广大市民誉为重庆市最美街道的中山四路，也叫民族抗战文化一条街。虽然它的长度还不到一千米，但是在国内外都非常有名。再往我右手边看，绿树环抱中的有着百年历史的建筑，是我们重庆市政府所在地。在这附近，还有一所百年老校，就是我就读的学校——渝中区曾家岩小学。我是曾家岩小学的小志愿解说员，今天就让我带领大家参观周公馆，并为各位解说，下面就请随着我依次从安检口进入馆内参观……"

在渝中区曾家岩 50 号周公馆，每逢周末和节假日，总会出现一群忙碌而可爱的小小身影。有人说他们是小志愿者，有人说他们是"小雷锋"，还有人说他们是一群"红岩娃"。这群小解说员们是以红岩连线文化发展管理中心各隶属史馆为实践主阵地开展志愿服务活动，解说队现有解说员 44 人。

其实早在 20 世纪 90 年代，曾家岩小学就已提出了创建曾家岩小学红岩小小志愿解说队的想法，将周公馆作为学校进行革命传统教育的基地和学生进行社会实践活动的重要场所，由此迈出了学校志愿服务的第一步。

2000 年，曾家岩小学正式与周公馆建立合作关系，便把之前的想法付诸实际行动。对学生进行解说培训，并组建起"红岩小小解说队"，2015 年更名为"小小志愿解说队"。随着解说队的成立，一批又一批学生加入到了社会实践和志愿解说服务活动中来。参与志愿解说服务的孩子，被鼓励要做到"三能"：首先能奉献友爱，要求孩子们不计较个人得失，能够合理并且充分地利用课余时间参加活动和训练，活动中努力发挥自己的优势，发现和学习他人的优点，总结并提升自己的不足。其次要求孩子们能团结合作，因为解说活动是一项对团

学校小小志愿解说员

队协作能力要求非常高的活动。在活动过程中，极力强调团队间的合作，一个拥有团结友爱氛围的团队才能让大家一起进步。再次，还要能持之以恒，志愿服务是一项不计回报的付出，贵在坚持，参与活动不能只凭借自己的一时兴起，解说活动要有严格的考勤制度。在"志愿奉献利他，助人为乐悦己"的服务理念指引下，越来越多的曾家岩小志愿者在活动中得到锻炼，不断成长。

在管理上，自小小解说队创建以来，一直实行两级管理模式：即以校级志愿解说队带动班级志愿解说队，让每位学生在自愿参加的原则下，都有先班级再校级的两次锻炼机会。曾家岩小学3—6年级各班都已建立班级志愿解说队，志愿解说服务范围包括校园文化墙解说、周公馆志愿解说等，各班解说队由中队辅导员负责组建、训练和开展志愿服务。每学年初，校级志愿解说队又会从各个班级梯队中招募优秀队员来补充，优化队伍人员。加入校队的学生志愿者，经过专业的培训和实践，又回到班级带动班级志愿队，形成了一个良性循环、双向选择、立体培养的队伍建设机制，保证了志愿者的服务水平。

早已毕业的田静回忆到，当时自己参加小小解说队选拔的时候很紧张，那时几乎班上的同学都报名了小小解说队的选拔。因为自己的声音有些小，田静很怕自己会落选。老师鼓励她说："你不要害怕，声音小可以练，这是完全可以解决好的问题，而且你的声音很好听，解说起来一定很吸引人，要相信自己。"

得到老师鼓励的田静信心大增，每天放学后都会在教室里多练一个小时的解说词，其他同学回家后，她还会去校园文化墙实地练习解说。各个班的班级解说队有时会聚在一起交流经验，分享自己班上遇到的培训困难，刚加入班级解说队的田静虽然开始有些胆小，但是多聚了几次，大家便熟络了起来，田静也因此多了很多的朋友。

小小志愿解说队合影

　　经过一年的培训和实践，田静因表现优异升入了校级解说队。校级解说队的实践场合自然是和班级的解说队不一样，每周五下午，老师就会将他们带到周公馆给参观的游客进行讲解。

　　第一次在游客面前解说的田静很紧张，感觉自己的声音在发抖，手心里的汗一直都没有干过。但田静看到了站在一旁的老师，用鼓励的眼神看着自己，便慢慢镇定了下来，顺利地完成了自己的第一次解说。

　　参与志愿服务活动不是只有一腔热血就可以做好的，更需要专业知识和技能。这是田静进入解说队第一天时，辅导员老师重点强调的理念。为了解决志愿服务培训师资问题，学校加强社会资源整合，特别邀请红岩联线文化发展管理中心、三峡博物馆的专业解说员定期到校为孩子们做技能培训，专业的师资配合专业的教材，保证了解说志愿服务活动的持续稳定开展。同时，每学期开学召开培训工作研讨会，期中有反馈落实，针对志愿解说服务活动安排好人员、做好预案、备好课，全力保证过程实施的质量。

学校为每位志愿解说队员建立了服务档案，将其参与的志愿活动进行登记，完善志愿服务信息平台，并实现信息共享。建立了班级解说队、校级解说队两级评价体系，将班级志愿服务完成度与班级德育考核绩效加分挂钩，促进了班级开展志愿服务活动的积极性；引入"金牌解说队员"评比制度，每期在校级解说队中通过多种评价形式（师评、生评、游客评、家长评），产生出 5 名金牌解说员，学校进行个人奖励，同时对应班级绩效加分。通过两级评价体系的保障，使曾家岩小小志愿服务活动做到了科学化、持续化发展。

为保障志愿服务活动长期有效地开展，学校通过教代会、学生会制定了小小志愿解说服务队的章程、服务制度、招募制度、定期培训制度、档案管理制度、激励评价制度，注重志愿与自能的原则，注重互帮与互助的原则，注重安全与实效的原则，形成有效可行的管理模式，为队伍的稳定、服务的持续、质量的提高起到了较大的促进保障作用，使志愿解说服务活动走向常态化、制度化、规范化。

创新成就品质，坚持铸就品牌。十多年来，学校小小志愿解说队的队员们在周公馆进行了上千次的讲解，赢得了众多参观者的赞许，称他们为"红土地上的小雷锋""革命传播的小使者"。近两年来，曾家岩小学的志愿解说服务还延伸到了三峡博物馆，进行城市之路展厅的讲解。小志愿者们的活动事迹也受到媒体的报道和专访，学校还将"红岩小小解说队"拍成同名专题片送到中央电教馆参赛并获得全国银奖，同时也获得了重庆市"德育精彩瞬间"一等奖。

"为国家为人民无私奉献"是我们所熟知的伟大的"红岩精神"中的重要组成部分，有"红岩娃"美称的曾家岩小学的小小解说员们正在用自己的实际行动践行其内容、丰富其内涵。如今取得的丰厚成绩，也正是社会各界对他们多年以来默默付出的最好回报。

撰稿：邓红洁

39.
血浓于水

"……乡愁是一湾浅浅的海峡，我在这头，大陆在那头。"诗人余光中一首脍炙人口的《乡愁》，道尽了台湾与大陆的血脉亲情。1949 年冬，基于历史的原因，明诚中学部分师生迁往台湾。1963 年秋，圣母昆仲会的吴西俊修士应天主教高雄教区郑总主教之邀请，在台湾高雄地区为明诚中学复校，几经辗转发展成为现在的高雄市明诚中学。今天，隔着一泓台湾海峡，位于重庆的曾家岩小学与位于台湾高雄的明诚中学终却难割舍血脉纽带，密切开展访问交流，成为教育界的一段佳话。

在高雄明诚中学出版的纪念册上，这样讲述高雄明诚中学的前世今生："一百年前，天主教圣母昆仲会的会士们离别自己的家园，远从欧洲万里迢迢越洋来到中国。当时正值满清末叶，民智未开，交通不便，他们发挥耶稣基督大爱的精神，披荆斩棘，排除万难，在四川省重庆市曾家岩创办了明诚学堂，这就是今天明诚中学的前身。"

2005 年，时值高雄市明诚中学庆祝创校百年典礼，校园内一派喜庆祥和的气氛，校旗招展，校歌婉转。校旗蓝底黄字，最上面是"高雄市明诚中学"的校名，下方的图案中，上部是 12 颗星星，象征着圣母的

曾家岩小学邓红洁校长赴台湾高雄明诚中学参观交流

曾家岩小学邓红洁校长赴台湾高雄明诚中学参观交流

荣冠，圣母玛利亚的谦虚、顺服、关爱别人等美德，是女性的典范；中部的英文字母 A，是 Ave 的简称，代表对圣母的赞美；下方的字母 M，是耶稣的母亲 Maria 的缩写。

一直以来，高雄明诚中学以提供最优良的教育品质为己任，引领所有学生诠释自己最优秀的一面，鼓励、尊重所有学生的个性差异，提供适应性教学。

重回大陆寻根，是高雄明诚中学多年的夙愿。百年庆典结束后，身负校长交办的重任，学务主任李静宜与熟稔四川话的同仁——教务处郑榆组长一起踏上了大陆寻根之旅。在李静宜主任返台后写的文章中有这样的回忆。

他们先搭乘飞机经香港转机后前往四川省的省会——成都。毕竟是平生第一次踏上祖国大陆的土地，兴奋之余也不免有些许忐忑。上午 7 点多便已出发，抵达成都时已近下午 2 点，几个小时的旅途劳顿也给他们带来了不小的疲倦感。但这一切都被在机场迎接的成都市台办苏杨处长的热情一扫而空了。一见面，苏处长便亲切地和他们握手、拥抱，好像久别重逢的老友和兄弟一般。

到了下榻的酒店，怀着对天府之国的历史遗迹的迫切向往，二人顾不上休息，稍作梳洗后，便请苏处长带着他们前往闻名已久的武侯祠、杜甫草堂参观。看着原本只能在课本上见到的景点跃然眼前，听着解说员精彩的讲解，他们很高兴，也不禁为几千年的文物古迹被保护得如此之好连声赞叹。

台湾高雄明诚中学寻根之旅

台湾高雄明诚中学寻根之旅

第二天一早，二人向苏处长道别后，便搭上了成渝大巴前往重庆。巴士上有一位售票员小姐，听说他们是从宝岛台湾来的，格外热情，主动给他们介绍起了重庆的美食美景，还问了一些台湾当地的风土人情。一来一往的亲切攀谈，让40多个小时的漫长旅途变得愉悦和短暂。

抵达重庆后，重庆市台办的石建军先生热情接待了他们，石先生还特意领他们体验了重庆的特色交通之一——皇冠大扶梯，这一亚洲第二长的一级提升坡地大扶梯，全长112米，提升高度52.7米，倾斜度为30度，视角上呈现几乎垂直状态，令他们啧啧称奇。

到了饭店休息完毕，他们依照定好的行程来到了明诚中学的原址——如今的曾家岩小学。校长带领一干师生包括一些已退休的老教师早已迎候在校门口。大家迎上前来，校长紧紧握住两人的手，意味深长地说道："好久不见！"李主任回答道："是呀，真的是好久不见了！"跨越了五十六年的握手，一脉相承的两校代表终于重聚在了这一刻。

在众人的簇拥之下，他们步入了校园，一迈入学校的大门李静宜就被一面墙牢牢地吸引住了目光，他不由自主地朝它走去，原来在那面墙上写着每个时期学校的发展历史。见他如此关心，校长便向他们详细叙述了学校发展演变的过程。

"当、当、当……"寻根之旅的第三天早上，一阵清脆的钟声在位于九龙坡区铜罐驿的天主教堂响起，这是明诚学堂中学部真正的起源地对远方归来的亲人的礼遇。

保存完好的校舍、百年历史的法国古钟、和教堂同龄的老树，无不向他们述说着那段为躲避战火而搬迁至此坚持教学的明诚学堂的光辉历史。

"明诚的精神永远不会被打倒！"郑榆组长如是感叹。而当李静宜主任从陪同参观的曾家岩小学老师口中得知抗战胜利后，学校迁回了曾家岩旧址，在铜罐驿原址上由学校部分职工创办了童仁小学时，高兴地接着郑组长的话说道："不但没有被炮火打倒，还萌生了新的学校，真是生生不息、令人振奋！"

结束了所有行程的当晚，二人到嘉陵江边散步。欣赏着两岸密如繁星般的璀璨灯光，看着文静得像个姑娘的嘉陵江水，回忆起此行的所见所闻，李主任不禁心生感慨，他对郑榆组长说道："明诚中学的起源在重庆市曾家岩，他的生命在高雄延续着，并持续地发光发热，你我恭逢这百年盛事，更应抱着如履薄冰的谨慎心情，为明诚的蜕变和发展献出自己的绵薄之力！"

静静伫立在嘉陵江畔的曾家岩小学，也许不会想到，五十多年前从这里走出去的师生，跨过千山万水，去到海峡的另一边，顽强地将"明诚精神"传承了下去。如今，他们的后辈带着寻根的愿望，又重新回到这里，这怎不叫人激动和感慨？血浓于水，正是"明诚精神"永远闪耀的夺目光辉将两所远隔万里的学校紧密地连接在了一起。

撰稿：邓红洁

引用：明城中学校刊李静宜女士的《寻根之旅》

40.
家校联动共育人

"没有全民健康，就没有全面小康。"习总书记的这句话，入木三分地表达了全民健康的重要性。落实到教育上，就要求学校和家庭一起努力，共同为学生的健康成长营造一个良好的环境。

目前在社区生源家庭背景中，学校已经不是唯一的知识来源渠道，家庭已经成为学生学习知识的另一个重要渠道，所以家校课程也是学校教育体系中非常重要的一个环节。

在曾家岩小学的教育过程中，根据渝中区独特的地理环境以及现代教育倡导的多位一体，把家校合作具体化、措施化。家校合作真正落地的方式就是把家庭作为学校的延伸部

家校联动共育

家校联动共育

分，把学生的体质健康与家庭相结合，这和学校倡导的"文明有质　相亲相爱"的校风不谋而合。

而现代教育倡导的多位一体是指社会、社区、家长、学校和个人的多元化联动，是一种新兴的国际化办学理念和先进的教育理念。它把教育设定为全职能支持、全方位支撑。教师不再是只有课上 40 分钟才需要对学生负责，学校也不只是学生在校时才对学生负责，家长也不能把孩子送到学校就可以不管不顾。这种多位一体的家校联动，使得孩子能得到多元化无死角的教育健康引导。

在实际生活中，很多学生都是爷爷奶奶带，父母忙于工作，根本无法顾及学生在生活习性方面的培养。很多学生被爷爷奶奶宠着，一放学后就坐在家里玩手机、玩电脑，这也给学校开展社区健康教育带来很多难点。

针对这样的问题，曾家岩小学积极倡导"护正爱人"的家庭文化，让家长参与学校的教育，共同制订学生个体体育锻炼计划，收集家校合作的意见反馈等。加强学校和家庭以及社会的交流联动，提高家长在教育和布置家庭作业过程中的参与程度，这也是家校联动的设计初衷。

为此，曾家岩小学申报市级课题，创造性地开创城市小面积学校"家校联动"提升学生体质健康的策略研究。通过开展此项课题研究，加强"学生—家长—学校"的通信联动。除课本上的家庭作业外，还增加了跳绳、摸高、绕室跑圈等别开生面的体育家庭作业，通过老师布置、家长监督的形式，探索出一条全面提升小学生体质健康的新路。

那么到底什么是城市小面积学校？城市小面积学校主要是针对我国发达地区如上海、北京等地人口密集、文化繁荣的城市社区而言的，例如黄埔、虹口或者静安、北京东西城、老城墙根等具有比较深厚的历史文化底蕴的社区。由于人口密集，这些社区里的学校规模都不大，就像北京的史家胡同小学、北京四小都是典型的城市小面积学校。这类小学校场地不达标，学生的体育活动自然会受到一定限制，这是没法改变的硬伤，必须设法到学校外借用场地来加以解决。

现代学校的活动场地已经有了不同的概念，不局限于操场和围墙内的范围。通过家校联动，曾家岩小学使整个社区和周边资源都可以有机地衔接成学校的资源用地，例如市体育场的游泳馆、文化宫的羽毛球场地，这些都是城市小面积学校课题的具体运用。

家长提供一平方米，家校场地就有了一教学平台；社区提供一块空地，学校就有了发展空间。西方国家很早就在场地方面做了比较完善的规划和研究。他们的家校联动标准化进程相对国内来说已领先了很多。

城市小面积学校的另一方面就是弥补了学校的硬件短板问题，在功能上，保障了学生的发展，达到了国家的标准，还给学校与家长之间的沟通搭建了一条纽带。通过体育家校课程布置，加强家校沟通合作，使家长对学校的课程、学校的管理有了一个了解和参与的渠道，家长也可以同步得到提升，这是联动的价值。

推广家校联动，提升学生的体质健康，要从现实需要出发，曾家岩小学体育组在这方面有过一些探索。基于《国家学生体质健康标准》，他们给家长分发了一些手册，安排了如每日跳绳任务、摸高任务、绕室跑任务等。体育组根据学生的年龄、体型、健康状况，有针对性地布置精准的体育家庭作业，学生完成之后还要让家长签字，然后带回交给老师，细心的家长甚至会拍摄视频并发到家长群。老师也会根据前一天每个学生的完成情况，进一步布置第二天的体育家庭作业。家校联动就是这样得到具体落实的。

曾家岩小学正在进一步把这个模式规范化、有效化，不断收集第一手数据，让这个课题行之有效地推广开来。如果说以前可能还只是单一模式，那么现在的主要工作就是要探索这一模式的多元化，包括线上的、线下的各种平台载体的策略和方法。包括网上的数据分析，比如体质测评的管理数据，反映出学生的优点或者缺点以及后续的改善方案。这些数据都需要老师进行客观分析。专家认为，城市小面积学校"家校联动"提升学生体质健康的研究课题，是一个接地气的好课题，会在未来焕发巨大的价值。

著名教育家苏霍姆林斯基曾说过："没有家庭教育的学校教育和没有学校教育的家庭教育都不能完成培养人这样一个极其细微的任务。"深谙此道的曾家岩小学正在"家校联动共育人"的道路上迈开自己坚实的步伐。

撰稿：邓红洁

41.

学校记忆　启蒙时光

—— 十年不如一年，三年一瞬间

文 / 曾家岩小学校友王世渝

　　今年国庆期间，我再次因为一个偶然的机会，找到了很多年前曾经教过我，让我时常想念又已记忆模糊的曾家岩小学老师王贤智。在她的陪同下，我回到让我度过三年童年时光的曾家岩小学，一起和老师找寻那不断浮现的记忆。

　　虽然遥远，但是清晰。现今的曾家岩变化很大，但是我脑里留存的还是当年的图画——从下曾家岩陡峭的石阶拾级而上，经过一个小粮店就是街口，街口马路对面，有一个有着旧时光的油腊铺子，我们的油盐酱醋等日用生活品都来自这里。顺着地面已经磨得很光滑的石板路顺级而上，向里走就可以到达我们的曾家岩小学。

王世渝与法国前总理拉法兰

老校友王世渝（左三）回母校合影留念

从 1965 年到 1968 年，我在重庆曾家岩小学念过三年小学，时间不长也不短。虽然我如今已经走过六十年的生命历程，领略了祖国的山山水水，游历了世界各地的风土人情、文明古迹，但是始终不会忘记当年那些微小的记忆。

1964 年夏天，奶奶领我去小学报名。前一天下午剪了头发，晚上我早早睡下，天一亮就起床。当我一路歌声，非常激动地从家里又蹦又跳来到学校的时候，学校老师说，我到 10 月 8 日才满 7 岁，请明年再来报名。就差那么一个月没有被批准入学。如今已经想不起当时我伤心到什么程度，只记得我当场就大哭了起来，从学校一直哭回家。

足足盼望了一年，我才终于再次踏进了重庆曾家岩小学的校门。那时的校门在我心里简直就有如圣殿般雄伟庄严，能踏进去就是一种荣耀。重庆曾家岩那可是一个响亮的名字，因为是中华人民共和国第一任总理周恩来生活、工作过的地方，为此我一直以生在这里而自豪。

背着书包上学，用大人的话说，我被牵上了牛鼻子，但我却非常喜欢校园生活。我记得学拼音时，老师总能在黑板上漂亮地写出拼音字母，有的翘尾巴，有的弯身子，有的还像小动物。一下课，我们就捡起掉在地上的粉笔头，到黑板上模仿老师的书写，没写几笔，上课铃就响了，赶紧擦掉黑板等着上下节课。记得课本上《小猫钓鱼》漫画中小猫的憨态可掬，有时根本没听老师讲的是什么，就把本子蒙在书上画小猫。记得《乌鸦喝水》给我们带来的生活哲理，我时常在想，我有乌鸦聪明吗？记得倚势而建的三个上中下操场；记得上体育课爬上滑下的竹竿子；还记得同学们那一张张童真的面孔和漂亮的老师。王老师年轻美丽，苗条高个，嗓音清脆、歌声嘹亮，走路总带着当时的时髦，特别让我们这些小居民羡慕。从小失去母亲的我，对她有一种母亲般的依恋，任何时候都想引起她的注意，哪怕是调皮捣蛋，也希望罚站都是站在她的身边。不管过去了多久，她的容貌和魅力都永远定格在童年的记忆里。

可是，一年级刚刚上完，美好的时光就戛然而止。我们被突然宣布："停课闹革命"，而不得不被放回家。没有书读的日子是不可想象的。学校大门紧锁，校园里也没有了学生的热闹和老师的身影，我们曾经偷偷地翻墙进去打乒乓球，爬杆，溜滑梯……当时的一些青少年到大街上捡橘子皮晒干了卖钱；我们去各个公共场所捡烟头，在好玩中好奇中尝试；还有人成群结队地在嘉陵江边无所事事，在江船上打闹……小小眼睛看到了许多我们当时不明白的现象，总觉得紧张又不解，童年的大好光阴被迫卷入那段特别的社会时期，让我们早早地看到了社会的复杂，人性的多变，承受着这个年龄不应有的光怪陆离。

在我们焦虑的期待中，"混乱"终于结束了。当我们像野孩子般在社会上放荡不羁地折腾了一年多之后再回到学校"复课"时，学校已经满目疮痍，操场长满了野草。这还是我们那个圣殿般的学堂吗？我们虽然像复苏的生灵，一连几天铲除了野草，打扫了卫生。可当我们再次回到我们心爱的课堂时，我们才发现，教室还是那个教室，座椅还是那个座椅，我们原来的学习内容完全发生了改变。课本内容变了，老师教的东西变了，学习的氛围变了，红领巾也不让戴了。曾家岩小学也不再是一年级那个令人憧憬的乐园了。

更加不幸的是，1968 年我的奶奶去世了，本来年幼就失去母亲的我，再次遭遇亲人离别的痛苦。在曾家岩已经没有了亲人，我只好转学，离开了老师，离开了同学，离开了我只上了三年级的曾家岩小学，跟随我的父亲，开始了飘零的人生。

多年之后，回想起来在我的青少年期间，我真正受到的教育，也就是在曾家岩小学的那几年。所上的课程就是今天再正常不过的语文、数学、手工、音乐、图画、体育，但由于少年后期正常受教育的断层，再没有纯粹的自然科学与人文历史。回想起来，只有区区一年的时光用来无忧无虑地读书，那是多么难得的一年呵！

在成年之后，我义无反顾地拼命学习、勤奋工作、闯荡天涯，终于不负时代的青睐，成为我们这一代人中可以驰骋世界的投资银行家，似乎难以把这一切与这珍贵的一年联系起来。但我一直相信，这一年在我心底，埋下了生命中最纯真的种子！这里曾经是安放我最圣洁的灵魂栖所！

所以如果要让我铭记生命中最难以忘怀的那段时光，即使离得这么久远，我也把这个记忆送给永远的曾家岩小学，我的启蒙学校！

二〇一八年十二月三十日于北京家中

（作者简介：王世渝，著名投资银行家，中国资本市场第一代参与者，国际知名资本运作并购专家，北京大智至简管理咨询有限公司董事长，富国富民资本董事长，吴晓波企投会首席学术委员。）

第六章／浪簇

42.

校长，屹立的灯塔

"孤寂的海上，灯塔挽救了许多船只的沉没，任何航行的船只都可以得到那灯光的指引……"这是巴金在《灯》里对灯塔的描写。

对于任何一所学校而言，校长何尝不是灯塔？

作为一校之长，有引导学校这艘航船平安航行的重大责任！

灯的光芒，塔的坚固，表现出千年不变的姿态；灯的指引，塔的坚定，成全着航行的圆满。

在灯塔与校长之间，隔空交汇出责任、坚守、光亮的画面。那就是——灯塔之责，校长

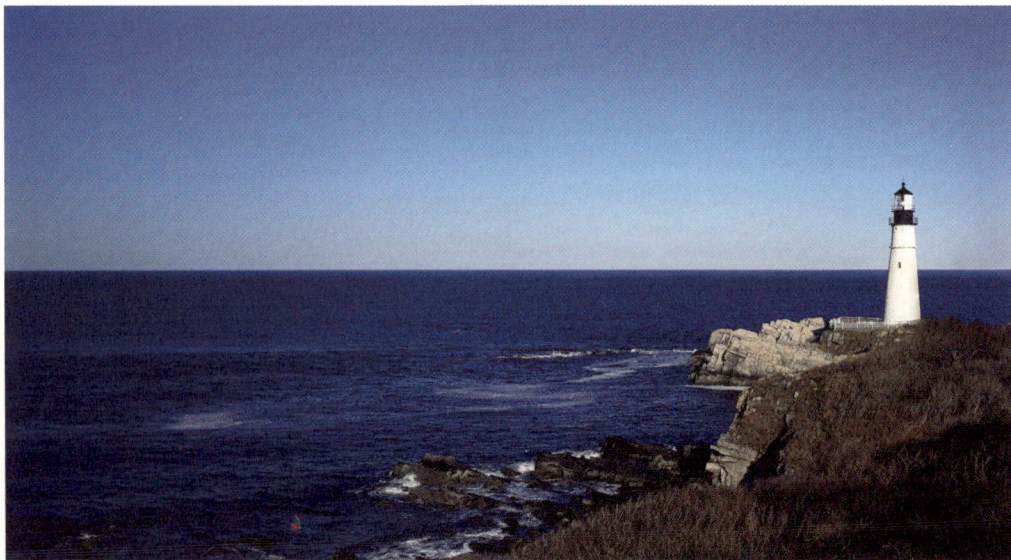

灯塔

之任；灯塔之坚，校长之守；灯塔之穿云破雾，校长之耳聪明目。

航海开启了灯塔的使命，教育定格了校长的责任。有了思想和方向的引领，学校的大船才能在浪潮中离礁避难，乘风破浪。

百年来，明诚自它在嘉陵江边曾家岩那峥嵘的山崖落户起，学校的接力棒不知传递了多少个校长的手！每一位校长就是屹立在山崖上的这所学校的灯塔，带领着这艘不大的航船，装载着老师和祖国的未来——莘莘学子，穿越了历史的风雨，经历过无数的暗礁险滩。特别是改革开放后，沐浴在党和政府的阳光雨露下，一任任校长带领全校教职员工脚踏实地，努力拼搏，一步步地开创了曾家岩小学如今的崭新局面，培养出了一批批品学兼优的小学毕业生。

苏霍姆林斯基认为：领导学校，首先是教育思想的领导。校长的办学思想决定着学校的办学方向；校长的为政之本就是思想力，在学校要形成思想的引领。校长要注重以社会视角去思考学校发展，既要传承秉持，又要不断开放，与时俱进，融入时代前进的潮流。

在当下，校长要立足社会大背景，串联起学校的过往，把握时代的方向，高瞻远望，系统思考，着力建构本校文化体系，正确选择治校方略，以文定脉，领导和管理好学校，带领学校这艘航船乘风破浪，一往无前。

校长还要注重用战略的思维去规划和部署，最关键和必要的环节是制订好学校的中长期规划。这样的规划，对学校可持续发展具有前瞻性和规划性，对学校愿景的描绘则具指导性和操作力。规划中囊括办学治校的各大要素，从思想到理念，从课程到课堂，从管理到研究，三课统整，三教并进，应充分表达校长的办学思路，体现校长的核心领导力和全体员工智慧的凝聚力。这样的规划才能成为学校前行的导航仪。

百年来，一个个校长就是这样默默地引领全校师生含辛茹苦地走过来的。因为，从此岸到彼岸离不开灯塔的坚固与无畏，离不开校长的清醒和坚守。

放眼全国，为了追赶世界，融入全球。教育必须先行，如今，教育百花齐放，办学个性鲜明多彩。一个学校之长，若没有清醒的认识，没有真正了解本校的特点，就会盲目跟风从众；若没有坚守，学校的教育就会摇摆游离，风大随风，雨大随雨，没有自己固本强身的东西。在这几十年的巨大变革中，无情的现实既催生出更多的校长灯塔，也不断摧毁着校长这座灯塔。怎样让自己的航向不迷茫，不混乱，不犹豫，不放弃，都需要作为灯塔的校长清醒和坚守。

一个校长，只有清醒地认识到时代的进步和要求，清醒地分析出学校发展的机遇和挑战，清醒地优化航行的路径措施，以学校发展为己任、以师生成长为重任、以社会担当为责任，不忘初心，守住航程，照亮航程，指引航程。这才是校长——灯塔的题中应有之义。

做灯塔般的校长，以坚定的职业信念、专业的教育素能，既能享受航程的孤寂，又能共享海浪的乐章。

在夜黑如漆的大海中航行，海员仅凭经验很难准确判断周遭海境。唯有灯塔的光，才能重拾航行者的信心。灯塔的光亮能传递希望，一校之长能给予全校教职员工、学生以榜样和力量。

每个人的心中都有一座灯塔。它总是在困顿时予以指引，孤独时予以温暖，无助时予以支持，欲放弃时予以希望。

校长的灯光首先应照亮每一位教师，依据教师先成长学生才成长的法则，提升教师成长的力度和速度，再让教师前行的灯光引领、照耀学生同行。

校长心中还要惦记着每一位师生，关照每一个细节，遵循教育规律，给师生提供一个安全、宽松、有益的学习环境；为师生搭建一个葆有选择、极尽可能的学习平台；创立多元多维的评价体系，鼓励师生教学相长，不断前行。

校长应以较强的协调组织能力，充分挖掘团队的资质潜能，引导老师层级发展和重点发展，实现教师专业化的有效性与终身性，做到识才、育才、重才、成才，让团队获得安全感、归属感、成功感。

校长，就是那屹立的灯塔。让灯塔的光亮传递正向的能量，传递人格的魅力，传递教育的深情……

如同创造了辉煌的不少学校一样，曾家岩小学也有这样一任接一任的校长。有了这灯塔一般屹立的校长，曾家岩小学才在各方面创造出不一般的业绩。

当年的明诚，如今的曾家岩小学，恰如一座百花园。一年又一年，在一代代如灯塔般的校长的引领下，众多园丁的精心浇灌、培育下，一株株玫瑰、月季、兰草、牡丹……沐浴着阳光雨露，拔节生长、含苞欲放，百花盛开……

撰稿：邓红洁

43.
好奇之下探究能

　　教育人要情理服人，以智慧育人，利用因势利导的方法教导人，从而赢得学生的信任与尊重。教学中遇到突发事件，教师用包容和机智化解于无形，因势利导往往会收到意想不到的效果。

　　一天上午，陈新老师讲儿童诗《哪座房子最漂亮》。陈老师打算以读代讲，适时点拨，让学生在一遍又一遍的朗读中去理解、体会诗歌的美。上课不久，在老师的带领下，学生就摇头晃脑地读开了。

　　突然，平常爱开小差的小吉抬起小脑袋望着天花板，陈老师以为他又读"望天书"了。于是，踱过去，摸摸他的头，示意他专心读书。不料，又一个学生抬起了头，接着两个、三

科技竞赛辅导

个……好几个学生不约而同地望着天花板，有的还用胖乎乎的小手指指点点，不知说着什么。陈老师仰头一看，一只漂亮的蜜蜂不知何时飞进了教室，正在学生的头上飞来飞去哩。

一年级的学生注意力本来就容易分散，让蜜蜂一搅和，这课怎么上？

陈老师想了一下，索性停下朗读，用手指着蜜蜂，说："快看！我们的教室来了一位特殊的客人！"

语文课堂的探奇

老师充满了好奇的声音顿时把学生吸引住了，读书声戛然而止。大家顺着陈老师手指的方向望去，有的议论纷纷，有的指手画脚，也有个别学生担心蜜蜂会蛰人，显得惊慌，甚至用双手抱着头；还有的拿着书本挥舞着……

教室瞬间沸腾起来。

"嘘，我们有了新朋友，别把它吓跑了。"陈老师把手指靠近嘴边，尽量小声地说。

很多同学迅速捂住了嘴巴，趴到了桌子上。其他同学也在他们的带动下安静了。此时，陈老师指着蜜蜂问："蜜蜂为什么飞进我们的教室？"

"它想跟我们玩！"一个学生抢先说。

"它想听我们朗读课文！"……

这时，有个学生大声地说道："它想跟我们交朋友！"

陈老师微笑着说："你们都说得很好。可你们知道，蜜蜂喜欢和什么样的孩子交朋友吗？"

学生们随即纷纷举起了手：

"有礼貌的孩子！"

"认真学习的孩子！"

"上课守纪律的孩子！"……

陈老师看时机已经成熟，和颜悦色地对学生说："是的。蜜蜂最喜欢守纪律的乖孩子，上课专心的好孩子。你们朗读非常认真，也很有感情，让蜜蜂好像闻到了房前花果的香味，看到了屋后成行的绿树，所以它们也赶来了。你们能把这句话再好好读一读，让蜜蜂再欣赏一次吗？"

学生立刻拿起书，以前所未有的认真劲儿朗读了一次，根本不用陈老师范读和指导。

趁着学生们这时高涨的学习热情，陈老师又让他们当小导游，带着蜜蜂到"我们的小学堂"参观。小导游又是介绍，又是朗读，像模像样……就这样，整整一节课，孩子们的注意力都非常集中，非常投入，生怕自己怠慢了蜜蜂这位特殊的客人。课堂教学进行得特别顺利，气氛异常轻松，直到下课，孩子们还意犹未尽。

就地取材，因势利导，不拘一格地教育、引导、培养学生，这是学校百年来的教学传统和坚守。

因此，才能使教学生动活泼、润物细无声。

有趣的科学课（养蚕）

静静的教室里，学生们双眼盯着郭佳老师播放的一段小学生养蚕日记的视频，看着看着，教室里发出了声音：

"蚕宝宝好可爱呀！"

"我也好想养蚕宝宝啊！"

郭老师看着已然兴奋起来的学生，下意识地问道："你们对蚕宝宝这么有兴趣，想知道有关蚕宝宝的哪些问题呢？"

话音刚落，一只只小手高高地举了起来，问题一个个地跑了出来：

"蚕宝宝喜欢看表演吗？"

"蚕宝宝睡觉吗？"

"蚕宝宝是不是和蚯蚓一样喜欢阴暗潮湿的环境呀？"

"蚕宝宝有情绪吗？"

"蚕宝宝喜欢游泳吗？"

"蚕宝宝是不是只吃桑叶呀？是不是和我们一样一日三餐呀？"……

这正是进行科学探究的基础和动力，对学生提出的各种各样的问题，郭老师首先给予充分的肯定，以小心呵护他们的好奇心、求知欲。同时，鼓励他们提出自己的问题，并在今后养蚕的过程中去探究、解决。对个别学生提的特别问题、奇怪问题，郭老师也没有否定、嘲笑，而是和大家一起分析，哪些问题可行，哪些问题适合科学探究，让学生逐渐养成科学思维能力。

果然，在学生自己养蚕的过程中，喜欢探究的学生一个个地找到了郭老师。

早几天，学生人人都想养蚕宝宝，人人都要养蚕宝宝，郭老师分发给每个学生一定数量的蚕卵。他们都养得很顺利，亲历、见证了蚕宝宝出世的过程，但后来困难出现了，绝大部分学生没有蚕宝宝的食物——桑叶。

难道蚕宝宝会被活活饿死？学生们动脑筋想办法：

"老师，我家有莴笋叶，它吃不吃？"

"老师，我家的白菜叶，蚕宝宝会不会喜欢呀？"

郭老师没有肯定和否定，而是让他们回去做实验。后来，部分学生找到了饲料来代替桑叶，养出了彩蚕，有红的、紫的。要不是开始的"困难"，后来的"创新"，哪来科普彩蚕宝宝的出现呢？

蚕宝宝吐丝了。个别蚕宝宝在饲养它们的纸盒子里到处乱爬，把丝全部吐在了盒子底部，无法把自己包裹起来，身体慢慢变短，皮肤也皱了起来，吐完丝，奄奄一息。学生非常伤心，哭着来问郭老师，这是为什么。郭老师循循善诱，引导学生观察："仔细观察你的养蚕盒，看看有什么发现？"

"四个角落都有蚕茧。"

"那这四只蚕宝宝结茧的位置有什么共同之处呢？"

"啊，都是在纸盒的四个角落。"

"死了的蚕宝宝是不是因为找不到角落了，才结不了茧？"郭老师进一步启发道，"你想想，蚕宝宝要在哪里才能吐丝结茧呀？"

"老师，蚕宝宝是不是要在一个角落里才能吐丝结茧？"

郭老师没有直接回答，而是引导学生通过实验来验证这个问题。

终于，学生通过自己的亲手实验，知道了蚕宝宝结茧是需要一个角落，需要一定的空间，才能把自己包裹在蚕茧里的。可是一个盒子的角落却有限，容不了更多的要吐丝结茧的蚕宝宝。为此他们开动脑筋，用硬纸板将一个盒子分成若干格——就像放大的蜂巢一样，为蚕宝宝结茧提供了有利的环境。

虽然是养蚕，但学生却学到了更多的知识，学会了开动脑筋，学会了自己动手。未来的人生，有无数的问题摆在路上，需要他们去动脑动手……

有趣的科学课（蒸发）

今天是讲《蒸发》，学生们已经把课本整齐地放在自己的课桌上，只等上课铃响了。

上课铃响后，李堃苌老师走进教室，没有说话，而是转身在黑板上用"水"画了一只大雁。学生好奇地看着，过了一会儿，黑板上"水大雁"的线条慢慢变淡，很快就看不见了。

看着学生面露疑惑、惊讶的表情，李老师趁机问学生："你们知道大雁飞哪去了吗？"

这一问激发了学生的兴趣，杂七杂八的回答令李老师很高兴。这是在为即将要学习蒸发的相关知识埋下伏笔啊。事先画的"大雁"，一下子就把学生的好奇心带进了"蒸发"的讲解中。

李老师预想的情景实现了。

小学生好奇心强，但探究能力相对较弱。玩是他们的天性，让学生在课堂中玩，目的是让他们异想天开，从玩中求知、求真，获取科学的知识，"玩"出科学的真谛。

把握住这一点，李老师总是站在儿童的角度来思考问题，准备自己的教学。教"电磁铁"时，他把班上的学生分成几个组，让他们自己动手，然后再来因势利导。

有的组仿照电铃上电磁铁的构造，用导线把铁钉缠绕起来，接通电源，用钉尖（帽）接近大头针，发现它通电时吸起大头针，断电时大头针就掉了下来。李老师又让学生进一步观察电铃构造，发现连接在铃槌上的弹簧片能使导线中的电流时通时断，说明这个装置时而有磁性，时而无磁性，因而才一下一下地吸引连着铃槌的铁片，使它带动铃槌不断敲打铃，发出响声。由此揭开了电铃响的秘密。

有的组发现用电流表的两极接触电磁铁的两端指针时，并没有像猜想的那样来回摆动，又重新猜想，制订计划，进行探究，最终也发现了电铃响的秘密。

这个班在探究电磁铁，另一个班却在蔡燕老师的指导下，观察马铃薯在不同液体中的沉浮实验。她将同一个马铃薯分别放在1号不知名的液体和2号不知名的液体中，让学生仔细观察两种液体对比实验。在1号液体中，马铃薯很快沉下去了，而在2号液体中，马铃薯不但不沉，反而浮了起来。

学生睁大了双眼，脸露惊讶和好奇：这两种液体是什么东西？马铃薯沉下去的液体可能是水，那么马铃薯没有被沉下去的液体是什么？

蔡老师结合人们游泳、木板漂浮在水上等生活中常见的知识，深入浅出地给好奇的学生讲解了这两份液体的不同，以及马铃薯沉与不沉的原因。听完后，大家都争先恐后地要亲自操作一下。

在讲授《茎的输送作用》时，除了书本上说的芹菜做标本以外，蔡老师还发动学生尝试使用其他植物作为材料。学生们继续不断寻找、尝试。有的学生通过比较发现，在实验中效果比较明显的有百合花、康乃馨、凤仙花，它们的枝条有一个共同的特点是比较嫩，输送较快。这时，大家想是不是嫩的枝条，茎的输送作用就会快一些呢？有学生想到用绿豆芽来做实验，自己用豆子发出了两杯绿豆芽，放在加了红墨水的水里。大约1小时后，绿豆芽的茎就变成了粉红；2个小时后，叶子变红了；3个小时后，连叶尖都变红了。

大家非常兴奋，看来猜想是正确的，嫩枝条比老枝条输送更快。因为嫩枝处于生长旺盛的阶段，需要的水分比较多。兴奋之余，学生热情高涨，又希望把时间缩得再短些，能不能在课堂40分钟以内就看出效果呢？

蔡老师说，你们自己做试验来验证吧。

学生们直接在红墨水里放入了绿豆芽，实验的结果让人振奋——只需要20分钟，根红叶红，非常明显。他们觉得和课本上说的芹菜比起来，简直是一个重大发现——一种易取材，易操作，见效快，成本低，还不受季节影响的理想实验材料。

这一试验，不管是材料，还是时间，远远超越了课本上的介绍，更重要的是，激发了学生敢想敢干的精神，为未来的人生逐渐打下了坚实的基础。

科学课的学习，就是要让学生产生好奇、探究，由此自己动手，体验到探究学习是个不断修正错误，认识、实践、再认识、再实践的过程。在这个过程中，合作学习也成为重要的学习方式之一。

在学习中充分发挥集体的智慧和力量，才能克服困难、取得成功。这对于形成师生平等协作的课堂气氛，激发学生潜在的创造力起到了重要作用。科学课中有大量的实验多是以小组形式进行的，很多课题依靠个人是不能进行操作的。这就提供了学生讨论交流，共同操作的时间和空间，使学生明白这些活动只有依靠团队合作才能进行，养成了他们具有团队精神的习惯。

在合作探究中，孩子们不仅认识到集体的力量和智慧是多么强大，而且学会了分工解决问题的方法。每个小组中都有这样的现象：有的同学思维敏捷；有的同学语言表达能力强；有的同学动手能力强……在实验中就可以取长补短，互相帮助，充分利用组内同学的长处来完成研究课题，共同获得成功。

在曾家岩小学，科学课不仅在课堂，在课余也形成了学习科学、了解科学、亲手实验的浓厚氛围。围绕全校一直开展的"争当小实验家"科学体验活动，各年级、班组都积极组织学生参加有关的各种比赛。

参加赛前专项培训的教师，回校后就利用课余时间对学生进行赛前指导和培训，如怎样使用显微镜，怎样认识细胞结构，怎样认识植物结构及功能等。一步步地开展实验操作技能培训，从而强化学生生物基础知识、强化基本实验技能和实验方法的创新。

至今，学生仅在该竞赛中就获得一等奖 15 人次，二等奖 29 人次，三等奖 50 多人次。

岂止这项比赛，曾家岩小学有让学生探究的传统。在 20 世纪 90 年代，青少年科技模型比赛兴起。学校充分认识到开展这项活动的重要性，既可激发学生的探究兴趣，培养动手操作能力和创新能力，又可启发学生的思维、开发智力，对学习也能起到促进作用。于是，组建了科技模型兴趣小组，定时开展相关课外活动。

兴趣小组刚创建时，没有专门的科技活动室，也没有专门的活动经费，连专门的科技教师也没有。刚开始，是老师先接受培训，然后再教孩子们一起做、一起试。没有专门的科技活动室，老师便带着孩子们到处找教室来开展活动；没有练习的飞机模型，就从制作开始学起，自己做飞机自己练习；学校场地不够大，就带着学生到人民广场、求精中学去练习……从组装到制作，到飞行，再到维修，老师和学生慢慢都学会了。

从参加兴趣小组的学生里，看到了科技模型带给他们珍贵的成长经历。詹旭同学从四年级便加入科技模型小组，很快便成为模型制作方面的高手，尤其喜欢制作船模。从制作纸质船、木质船到动力船模型，他做过近 30 种不同类型的船模。有时，做一个模型一做就是 3 ～ 4 个小时，而且还需要连续好几天才能完成。

做这些模型，就必须和胶水打交道，要用它来粘接许多打磨好的部件。由于长期接触胶水，导致他双手脱皮，血丝都渗了出来。老师看到后非常心疼，劝道："詹旭，不要再做了。你看你的双手都成这样了。"

"没啥子，"他举起双手憨笑着说，"老师，假期里，我做那个木质的船模，也是这样的。"说着，还对老师翻了翻双手掌，"只要不做，过两天就好了。"

"那么，等你手好了再做！"

"老师，下周就要参加比赛了。"他低下头，又开始用胶水粘接。

老师心里涌出一股莫名的感动，双眼角似乎沁出了泪水。

詹旭始终行走在"爱科技、学科技"的路上，多次在市区级比赛中荣获一等奖。

谢雨君同学是科技模型小组的另一个"谢雨君"——课余时间，也是执着于自己的科技模型。每个周末都坚持训练以熟练技术，每个学期都要参赛以积累经验。那年暑假，重庆市特别热，每天从早到晚，太阳都把云彩赶尽杀绝，只剩下湛蓝的天空，然后把炙热的光投向大地，使其变成一个大火炉。就是这样的日子，谢雨君仍坚持户外训练和比赛，从不缺席。开学后，回到学校，班上的同学几乎认不出他了——不但脸上被晒得黝黑，就连手臂手掌……都一样地黑了。同学们都笑着说："谢雨君，你去非洲了，怎么成了一个'小黑炭'？"

他腼腆地笑着说："参加训练，晒的。"

就是靠这样永不言败的坚持、探究，谢雨君一举夺得重庆市科技模型大赛中的车辆模型竞速赛一等奖……

如今，曾家岩小学的科技模型社团不但逐渐壮大，而且有了专门的科技活动辅导员、科技活动场地，还有船模的水池、四驱车的赛道……年年都参加区、市级的科技模型比赛。尤其在车模、空模、船模等方面成绩突出，每年都要拿回数十个奖项，学校成为名副其实的"获奖专业户"。

教育改革家李希贵先生说过：学生的潜能像空气，可以压缩于斗室，可以充斥于广厦。你给他多大的空间，它就有多大的发展。

一年又一年，曾家岩小学的学生们在学校老师给予的巨大空间中学习、探究，满足好奇心和求知欲，然后走向高一级学校去继续好奇、探究，为未来的发展打下了坚实的基础。

撰稿：邓红洁、李堨苌、陈新、郭佳、蔡燕

44.
真情诚爱呵小娇

教室里坐着一个沉默而忧郁、智力发展滞后的小女孩，一双明亮的眼睛总是流露出无奈与求助的神色。她叫小娇。

这是谢佳玲老师才接手的一个班，有一部分孩子来自外来务工家庭，学困生面积较大。

课堂上，当同学们都在认真听讲、积极发言时，小

个别化爱心教育

娇却低着头，无动于衷地呆坐在自己的位置上，有时静静地望着回答问题的同学们，有时耷拉着小脑袋，不知在想什么。至于像其他同学那样举手争着发言，也许她连想也没有想过。即使老师指名让她起来回答很简单的问题，她也只是默默地望着老师，木雕般不吭气。她的作业就更不用说了，没有哪一天能够自己独立完成，要么根本不做，即使做了，也错误连篇。第二天又有新的学习内容，这样拖下去，怎么能跟上同学们学习的步伐？

以前教过小娇的老师们提起她都纷纷摇头，说她每学期期末成绩从来没有合格过，分数低到不敢想象。

同学们也不爱和她玩，她自己也很自卑，在谢老师面前总是低着头，即使从老师身旁走

过，也是怯怯的样子，好像老师会叫住她、批评她似的。

对这个学生，谢老师心生疑窦，找她谈过几次，她要么沉默不语，要么"哼哼""嗯嗯"一通。

谢老师去家访了几次，她父母拿出厚厚的一摞病历，欲哭无泪。原来小娇打小就没离开过药物的治疗，医生明确表示长期的药物依赖对孩子智力发育影响很大。她父母也坦言，小娇记东西特别吃力，刚学会的知识，过一会儿再问，她就不知所云；今天写对了的词语，明天就无从下笔；别说同类型的题举一反三了，就是一模一样的题，她也能做出两样来……父母还为小娇请了校外辅导老师，可是，没两天，辅导老师也婉言谢绝，说这孩子实在太难辅导了。从此，父母对小娇的学习也失去了信心。

了解情况后，谢老师看在眼里，急在心里：小小年纪的小娇如同折翼的小鸟，哪有搏击云天的力量？人生的起点就走得这样，未来的漫漫人生路，她如何走下去？

谢老师发誓要竭尽全力爱护、帮助她，创造奇迹，让智力滞后的小娇自信起来，快乐起来。

为了帮她尽快赶上其他同学，谢老师在她身上投入了大量的时间和精力。上课后，在开始读课文的环节，就先请她读前面简单点的段落，以让她尽快参与到课堂学习中来。小娇一开始显得有些紧张，谢老师走到她身边，用鼓励的眼神望着她，说："来吧，这一遍只要读正确，读通顺就可以了！"

在老师的信任和鼓励下，小娇终于开口读了。尽管有些结巴，但还是读了一小段。当遇到没读准的音时，谢老师立即引导她自己改正，并借机当众表扬："不错、不错，小娇的字音还是读得挺准的。多练习两遍，相信就会读得又准确又通顺了！"

善良的同学们心领神会，不约而同地鼓起掌来。小娇显得有些激动，学习情绪也被渐渐带动起来。

课后，谢老师又单独找到她，语重心长地说："今天你读书的声音真好听，字音也能自己读准，老师和同学们都为你高兴！老师真心地希望，在以后的课堂上也能经常听到你发言的声音，好吗？"

她显得有些兴奋："可是，老师……"

谢老师见她欲言又止，关切地问道："可是什么？"

"嗯，"她看了谢老师一眼，低下头，不无担心地回答，"谢老师，好多问题，我不知道怎么回答。"

谢老师摸摸她的小脑袋，宽慰道："这有什么关系呢，又有哪个同学能回答得了所有的问题呢？只要你敢于举手，发表自己的看法，老师才能知道你会了多少，懂了多少啊！"

"万一回答错了呢？"

"这有什么，每次课堂上，同学们的回答都有不正确的哟。"谢老师语重心长地说，"正因为不懂，或者出错，我们才要学习。不学习，就永远不懂，永远错误！"

小娇听了这番话，静了一会儿，终于点了点头，似乎她听懂了。

在以后的课堂上，谢老师都想方设法激发小娇的学习兴趣，并有意识地让她回答一些最简单的问题，从而使她集中注意力，乐于参与，逐渐培养自信。谢老师还特意安排班里成绩又好又爱帮助人的虹虹与她同桌，以便在日常的学习活动中及时给予一些帮助。对她的作业，谢老师采取"开小灶"——单独布置，一般是做积累性的，易于完成的习题。每天下午谢老师也要陪着她做，不管辅导到多晚，有时一个非常简单的问题，都需要耐心细致地重复很多遍。有时遇到谢老师外出学习不能亲自辅导小娇，也会妥善做好交接工作：帮助她记清楚作业的要求，并联系家长督促其完成，第二天再由谢老师亲自检查。谢老师深知，对于本来就智力发展滞后，学习非常困难的小娇，若不能及时完成好当天的作业，不但影响第二天的学习，更会持续造成一步落后步步落后的状况。

谢老师还经常与小娇的父母沟通交流，反映她在学校的学习、活动等各方面的表现情况，并从中了解她在家里的学习、生活情况，以便对症下药，促使其学习进步。每当小娇有了点滴进步，谢老师都会立即表扬鼓励，还及时告知她的父母，一起分享她努力后的愉悦，让其父母能逐渐重拾对孩子的信心。

渐渐地，小娇有了主动要求进步的劲头。课堂上，她会有意识地集中注意力听讲，还能积极举手回答一些简单的问题。作业也越来越整齐干净，不懂的会主动问老师，努力弄懂，然后积极地做作业或改错。各科老师都纷纷反映小娇学习进步了，积极性增强了，人也开朗活泼多了。小娇还有了很强的集体荣誉感，不管是大扫除还是运动会，她都主动请缨，争着抢着为大家服务，为班级争光。让人欣慰的是通过一学期坚持不懈的努力，她在学期期末时居然第一次及格了。

奇迹真的就这样发生了，回首为此付出的心血苦累，一切都值了。家长紧紧握着谢老师的手感激涕零，小娇的小脸上洋溢着自信的微笑。

小娇的进步说明，教师不但要用爱心去关注每一位学生，特别是一些反应迟钝、记忆力差、智力发展滞后、学习困难的学生，更需要老师的悉心呵护、耐心教导，付出艰辛的劳动。

对这些孩子不歧视，不放弃，用适当的方法加以引导，适当放低学习要求，并积极主动地争取家长的配合，用真情感化家长，形成教育的合力，使他们能自信、坚强、乐观、向上，能和正常孩子一样沐着阳光健康成长。

这不是谢老师一个人的做法。这是曾家岩小学每个老师的做法，也是学校自创办以来一贯的要求和坚守。

个别化爱心教育

"周老师，你快去教室看看，小益摔倒了！"班长冲到周玲琳老师办公室大声喊道。

正在改作业的周老师赶紧放下笔，起身跑到教室去。

小益是个特殊的孩子，报到那天周老师就注意到了：孩子表现得很热情，一进教室就礼貌地跟老师们问好，可是当老师跟他交流时，却发现他有些答非所问。

入学第一次家长会后，他妈妈主动留下来跟周老师谈了很长时间。她说小益身体很不好，因为治疗哮喘需坚持每天吃三次中药，而且智力发育较缓慢（属于边缘智力儿童）。作为家长对孩子学习的要求很低，为了入学后在学习上不至于跟同学们差异太明显，家长推迟了孩子的入学时间，先请家庭教师单独进行知识的提前学习，以免入学后跟不上学习进度，所以小益比其他同学的年龄略大一点。申报学籍时，周老师才发现，小益的实际年龄比同班同学大三四岁。由于父母经商，家庭经济较为殷实，父母对这个独生儿子十分疼爱。她妈妈还说，孩子的父亲曾患有严重的抑郁症，常常一整天呆坐着一句话也不说。她担心压抑的家庭氛围可能对孩子的成长有一定影响。

周老师冲进教室，看见小益侧着脸、手脚直挺挺地趴在自己座位旁的地上，眼睛半睁半闭着。

一旁的同学吓坏了，呆呆地围在周围。见老师来了，同学们争先恐后地说：

"周老师，小益怎么啦？"

"周老师，小益突然站起来就摔倒了。"

……

周老师一边让其他同学回到自己的座位上，一边快步走到小益身旁，蹲下来小心地牵着他的手，轻声喊着他的名字，同时向刚上完数学课的老师询问当时的情况。她说："刚下课，我正在讲台上辅导其他学生，突然听到'啪'的一声响。我赶紧抬头看，小益已经躺倒在地。我询问还在座位上的小益同桌。她说：'小益一句话也没说，突然站起来，然后就摔到地上了。'"

"小益、小益……"周老师牵着小益的手喊他的名字，大约一分钟的时间，都没有丝毫反应。

周老师让数学老师像她一样继续牵着小益的手轻喊他的名字，并强调千万不要挪动他，自己赶紧边给小益的妈妈打电话边往学校办公楼跑，去向学校保健老师和值周行政领导报告。做完这一切，周老师又赶回教室，替下数学老师，蹲下来握住小益的手又喊他的名字。

喊了几声后，他开始慢慢有回应了。周老师让他尝试着自己动动手脚，尝试着自己爬起来，但他闭着眼睛微微地摇摇头，表示他不想起来。

周老师一直蹲在他身边，牵着他的手，不停地跟他说话，鼓励他争取自己起来。

小益的妈妈接到电话后很快就赶到了学校，来到教室里，蹲在小益身边，照周老师的方法，喊了小益好几声后，小益才喃喃地说道："想睡，想睡。"

不一会儿，他的爸爸也赶到了学校，把他送到了医院。回到教室，周老师对其他孩子进行了正面的引导、教育。告诉他们小益只是生病了，大家不用怕。还嘱咐班里跟小益住在一个小区的昊阳同学，要他多关心小益。通过电话联系，小益到医院做了一系列检查，医生仍不能给出肯定的结论。他妈妈给他请了两天病假。

两天过去了，小益没来学校。周老师打电话给小益妈妈，对方说："小益通过两天的休息，身体状况基本恢复。他很想回学校，可是又担心同学们会笑他，所以不愿意到学校来。"

周老师告诉她："小益离开学校后，我已经对同学们进行了正面的引导，同学们都知道小益是因为生病才摔倒的。大家都很关心他，不会有同学笑他的。作为妈妈，你应该多给孩子积极的鼓励，正面的引导。人吃五谷难免生病，这次摔倒完全是生病的原因，只要积极治疗，病好了就没事啦。放下心理包袱，尽快回学校吧。"

打完电话后，周老师分别找小益的同桌、要好的同学，希望他们要多照顾小益，又对昊阳同学说："你们住在一个小区，放学后，你代表我和全班同学去看看他，和他一道玩耍，让他放下心来。"

第二天上午，小益早早地来到学校，进教室后，像平常一样走到自己的座位坐下，拿出书来和同学们一起读书。一切都显得很正常，两天前的事儿，好像没有发生一样。

面对这样一个先天体弱多病，智力发育缓慢的孩子，除了家庭、父母的关爱、支持以外，更需要教师在学习生活中特别关注，以让他和其他学生齐步前进。

关心、呵护，是曾家岩小学历届领导和老师对每一个学生的基本原则和职业底线。

走进教室，站在讲台上，没有讲课前，朱敏老师习惯性地用眼光扫射了一下全班同学。不知为什么，是下意识吧，她的眼光最后落在了那个昨天才转学来的女学生身上：她有着一双大眼睛，皮肤白皙，嘴唇苍白。朱老师心里不自然地"咯噔"了一下：这个学生面型上就和其他同学完全不同，脸上没有一丝同龄人应有的欢乐，或轻松、活泼。

个别化爱心教育

她是个什么样的学生呢？

几天下来，问题出现了。朱老师发现她上课时常常两眼发呆，好像丢了魂似的。有时请她回答问题，她总是慢吞吞地站起来，低着头，紧闭双唇，沉默不语。课间十分钟，班上的同学都如放飞的小鸟，或三三两两，或五六七八，各自玩得欢，唯有她形单影只，要么独坐空荡荡的教室，要么从厕所出来，茕茕孑立于路边、操场边，低着头，好像在数脚下的小草、砂砾、蚂蚁。

是什么原因导致她与同龄的孩子大相径庭呢？

好奇心使朱老师开始关注她，并想方设法接近她、了解她。通过家访联系，与她母亲深入交谈后，朱老师才知道了这个女学生背后的故事：一年前，她经历了一场突发的灾难，与死神擦肩而过——那天，做木工活的父亲带着她骑摩托车外出，在一个三岔路口突然发生了意外，疼爱她的父亲永远离开了人间；她的身体也在车祸中被重创，身心受到伤害。在医生的精心治疗和母亲的悉心照顾下，她身体的创伤逐渐愈合，但幼小的心灵却蒙上了重重阴影，以前那个无忧无虑，活泼可爱的女孩儿判若两人，毫无生气。忧郁、沉闷不但长驻她的心中，而且还挂在脸上，伴随着她的言行。坚强的母亲为了她能走出阴霾，带着一双儿女离开老家，来到重庆主城，用其丈夫的抚恤金买了一套二手房；与另一个木匠重组了家庭，准备开启新的生活……父亲的早逝对她打击很大，受伤的心灵还没有恢复，如今，来了一个继父……环境变化太快，她根本来不及适应。于是，她把自己的内心封闭起来，变得沉默寡言，原本一双漂亮的大眼睛没有了光芒，嘴唇因营养不良而苍白。

朱老师了解到她特殊的境遇后，非常后悔曾严厉批评她学习不用心，深深自责自己的这种做法无异于在她受伤的心灵撒了一把盐。从此，朱老师开始密切关注她，及时鼓励她，专门抽时间与她交流。

初来乍到，她的学习比较吃力，但她爱劳动，每天总是默默地打扫教室。朱老师分析，她可能是因自卑而沉默，决心帮助她重新找回快乐和自信。在班会上，朱老师尽量引导班上其他同学发现她的优点——爱劳动、爱集体，是个勤劳、善良的好孩子；在课堂上，朱老师总是耐心地鼓励她当众回答问题，说出自己的看法；同时，让她与学习组长结成"帮扶对子"。

从此，在学习上，她有了热心帮她解决疑难问题的好姐妹；同学们也主动和她交朋友，关心、温暖着她。她逐渐融入了班集体，脸上挂着的忧郁、沉闷犹如初春的冰雪，在慢慢化去。

看到她脸上渐渐有了笑容，朱老师抓住各种机会引导她：好孩子要体谅母亲的难处，接纳为家庭辛勤付出的继父，疼爱年幼的小弟弟……渐渐地，通过努力，她有了明显的进步：在写父母关爱的习作中打开心结，敢于面对、倾诉自己痛心的经历；在习作中还展现了与好朋友的深情厚谊……发现了这些闪光的地方，朱老师在全班诵读她的习作，表扬她的习作观察细致，描写生动，感受独特。

这时，坐在教室里的她脸上漾着笑意，如一朵盛开的牡丹。一天天地过去了，在朱老师和同学们的帮助、鼓励下，她找回了自信，战胜了过去的自己，笑容回到脸上，把忧郁、沉闷彻底赶跑了。经过努力，期末考试她获得了全班第一名的优异成绩。

这一巨大变化使朱老师真切地感受到：每个孩子的心都是稚嫩、敏感的，老师的任何一个小小的错误都有可能影响孩子的自尊，伤害孩子幼小的心灵，只有小心呵护，认真培养，才能使其健康成长。

教育是一门艺术，只有走进学生心灵的教育才是真教育。

苏霍姆林斯基曾谆谆告诫每一位教师：要像对待荷叶上的露珠一样，小心翼翼地呵护学生幼小的心灵。

是啊，教师关爱的目光、鼓励的话语，就是洒向学生心灵的阳光。它能点亮小学生们心灵之灯，帮助他们认识自己、肯定自己、喜欢自己，找到人生的方向，健康茁壮地成长！

这就是教育的责任、教育的力量！

撰稿：邓红洁、谢佳玲、朱敏、周琳玲

45.
寻找改变的契机

抓住教育的契机

"我就不进去，就不进去，凭啥听你的？"倔强的尖叫声传进正在教室里和早来学生打招呼的郭英老师耳朵里，她立即扭头望向教室门口。

原来是小杰在大声喊叫。这是个让人非常头痛的学生，上课不是说话就是玩东西，还总是大呼小叫地制造一些声音，以引起别人的注意，并且嘴边经常挂着脏话。下课和同学疯打，在走廊里横冲直撞，撞到别人还理直气壮，反怪是别人的错。打饭、打汤不排队，班主任老师的话也不听，其他科任老师提起他就摇头。很多同学都对他有意见，经常找郭老师告状。郭老师跟家长联系后，让他的爸爸妈妈到学校来沟通，但收效甚微。

这时，他看见了在教室里的郭老师，也不打招呼，不过不是他刚才宣称的"我就不进去"，而是眯缝着双眼直奔自己的座位了。

郭老师也没理他，只是看着他。此时，郭老师发现了班里的桌椅有些不整齐，心里突然跳出一个想法，对着他叫了一声："小杰。"

他看了郭老师一眼，愣了一下，以为老师要找他麻烦，没动。

郭老师又喊了他一声，他才慢吞吞地返身走到讲台，问："什么事儿？"

郭老师心中有数，只是笑眯眯地看着他。

他完全没有料到，突然显得有些尴尬，有些不知所措，与刚才在教室门口的倔强劲儿俨然不同。

郭老师轻声地说："小杰，你看看咱们班现在有什么不好的情况，发现没有？"

他不知道老师的用意，只是一脸茫然地看着郭老师，随便说："没发现。"

郭老师用下巴颏儿点了一下教室，提醒道："你仔细看看。"

他顺着郭老师的目光看过去，顿了一下，突然激动起来，说："郭老师，我看见了，桌椅太乱了，一点都不整齐。"

"真聪明，"郭老师爱抚般摸了摸他的头，笑着说："看来小杰很聪明啊，那接下来该怎么办呢？老师非常想知道。"

他没有回答，略一沉思，一转身，跑去把桌椅一一地排整齐。

郭老师没有说话，一直看着他。他排得很认真，不放过任何一张桌子、椅子。终于全部排整齐了，郭老师仍没有说话，只是对他笑了笑，点点头，示意他回到座位上去。

上朝会课了，等学生们都安静下来后，郭老师面带微笑，问道："同学们，今天的桌椅是否整齐？"

"整齐。"大家齐声回答。

郭老师笑了，看着小杰，问全班同学："大家想知道是谁让它们这么整齐的吗？"

"想。"又是齐刷刷的声音。

把大家的好奇心激起来后，郭老师才说："就是我们班的小杰同学。让我们对小杰同学表示最衷心的感谢，谢谢他为班级服务。今天，奖励小杰同学一颗志愿星。"

顿时，教室里响起了噼噼啪啪的掌声，前后左右学生的目光一下子投向了小杰。他激动得立即站起来，向同学们鞠躬，以示谢意，然后有些害羞地低下了头。

这一天，郭老师发现，他听课出奇认真，回答问题也非常积极。

从此以后，教室里的桌椅一直都是整整齐齐的。郭老师知道，这是小杰在课间和课后默默做的，上课下课再也听不到他的尖叫声，学习也认真了，打饭也自觉排队了。

对于一些问题学生，不要简单归类无药可救，只是暂时没有找到解决问题的契机，一旦发现合适的机会，千万不要错过，也许它会改变一个人的一生。

小杰只是无数个例子中的一个，在曾家岩小学，每一个老师都像郭英老师一样，在教学中，根据学生的具体情况，善于利用合适的机会，改变问题学生，让他们顺利地改变自己，和大多数学生一样，走向人生的坦途。

"周老师，我也想参加吹葫芦丝。"课间，小冯找到班主任周玲琳老师。

小冯是个特殊的孩子，从小智力发育就较同龄孩子落后，如今本该上初中的年龄，却还在读小学四年级，而且根本无法完成基本的知识性学习任务。不仅如此，身体状况也很不好。小时候得过两次川崎病，又集癫痫、哮喘、鼻炎等多种疾病于一身。从小就是儿童医院的常客，吃的药不比他吃的饭少。读低年级的时候，还两次在学校突然昏倒在地不省人事。每学期几乎都有一半的时间在生病、看病中度过。这学期已连续请了一个半月的病假。前天才刚刚返校上课，恰逢学校五月艺术节要进行班级葫芦丝演奏比赛，同学们都积极抓紧时间练习，准备以最好的状态备战比赛。估计是看到同学们人人都在吹，他也想加入吧。

小冯独奏

"同学们吹的曲子你会吗？"周老师轻声问道。

小冯低着头摇了摇，嘴里嘟囔着："不会。"

"没关系，上个月你没来上课，不会吹也很正常。"周老师安慰道，"那你会吹什么曲子呢？"

学生们学习吹葫芦丝已经有一年多的时间了，这些同学每一个都会一两支曲子。

"不会。"他眼睛看着周老师，一只手挡着鼻子和嘴，小声回答道。

"那你知道吹葫芦丝的基本指法吗？"周老师耐心地询问。

小冯仍然摇头回答："不会。"

"都不会？下周就要比赛啦，"周老师有些无奈地问，"你怎么跟同学们一起参加比赛呢？"

小冯没有直接回答周老师的问题，只是咬定青山不放松："我就是想跟大家一起吹。我回家练。"

周老师心里清楚，别说是小冯这样的情况，就算换个聪明伶俐的孩子，零起点地开始学习、练习，短短一周的时间，怎么也不能完成这么复杂的演奏。班上还有一两个同学就这样天天练习，都不能吹好要表演的曲目，更何况是他！要知道他的记忆力比班里的孩子差多了，想让他真正记住两个生字，几乎得花整整一周的时间，不断地复习巩固，强化记忆，否则很快就会遗忘。因为学习认字占用了大量时间，没有足够时间复习巩固数学，原本低段时还可以基本完成正确的两位数加减法的一步运算，现在也基本忘干净了。

他说他回家练，怎么可能能练好，但看到他近乎固执的坚定，作为班主任的周老师又实在不愿打击孩子的积极性，安慰道："好的，但你要记住，说要练习，就一定要每天坚持练哟！老师答应你，只要你能完成演奏，就让你和大家一起上台参加比赛。你也看到了同学们都抓紧课间、午休这些时间积极练习，都希望你能在比赛中取得好成绩啊。"

"我要参加比赛。我回家练。"小冯仍是固执的语气，"我回家练，练好了就跟他们一起吹。"

"好吧，记得要抓紧练习哈。下个星期就要比赛了哟。"周老师见他这么坚持，一副你不答应就不走的架势，只能先顺着他的想法同意了。

听到周老师的答复，小冯才转身离开办公室，边走还边自言自语地念叨着："我回家练，练了就可以表演了……"

　　小冯离开后，周老师马上向学校分管德育的主任汇报了情况，又向学校申请，抓住他想参赛这个契机，给他一个独奏的机会，以鼓励他的积极性。学校同意了。

　　周老师立刻电话联系了小冯的妈妈。长期以来，他妈妈觉得孩子从小生病可怜，一直溺爱，她也希望小冯融入班级，和大家一起表演。周老师把比赛的时间、同学们表演的曲目和自己的担忧告诉了她，进行了理性分析，希望她能做做孩子的思想工作，放弃跟同学们一起上台表演，选择练习两首简单的曲目，进行独奏表演，还说这是学校特别给她孩子的一个机会。这样既保护了小冯参与班级活动的积极性，也不会给集体表演造成影响。小冯妈妈同意了老师的建议，并且表示要联系给同学们上葫芦丝专业课的蔡老师，让其单独给小冯选择适合的曲目，进行一对一的强化训练。

　　最后五天时间，每天在组织同学们进行葫芦丝集体演奏练习结束之后，周老师又单独检查小冯的练习情况，并且教他怎么上台，自己怎么报幕等。

　　比赛那天，小冯穿着漂亮的表演服在周老师的鼓励下，走上了舞台。虽然表演的曲目非常简短，演奏中也还有些不足，但对于像他这样的边缘儿童，能和其他同学一起参加集体活动，是很大的进步和成功。当他拿着发给他的奖状时，脸上洋溢着春天般的笑容。

　　他的妈妈看了儿子表演的录像，眼里噙满了幸福的泪水。

　　在学校，不管是正常儿童，还是边缘儿童，始终都有展露自己的美好和才智的契机。西方有谚语："闪电不会在同一地方落两次。"对于学生，特别是某些智力等有欠缺的学生，这个契机犹如电光石火，稍纵即逝，如何抓住它，因势利导，从而激发起他们的潜能和上进心，对于教育者，特别重要。

　　夸美纽斯曾经叮嘱过教育者："只有受过一种合适的教育之后，人才能成为一个人。""凡是生而为人的人都有受教育的必要。"

　　一年又一年，凡进入学校的学生，不管是身体健康、智力健全的，还是有身体健康状况或智力问题的甚至边缘儿童，曾家岩小学始终秉持在学生前行的路上"一个也不能掉队"的初心，予以精心培育，让每个同学在通往高一级的路上走得踏实，知识积累得扎实，身体健康结实，德智体美劳缺一不可。对个别身体健康、智力问题欠缺以及边缘儿童，学校领导和教师给予的时间、心血更多，随时随地都在琢磨、研究，寻找能促进他们改变的契机。

这电光石火般的契机一旦出现，就抓住不放，有时甚至打破常规（如让小冯表演葫芦丝独奏）。只要对培养一个孩子有好处，使他们在这个学龄段能够德智体美劳全面发展，学校就竭尽全力。当一届届学生满含收获的喜悦离开学校，意气风发地走进高一级学校时，全校教职员工的脸上都挂着发自内心的微笑：我们又送出了一批祖国未来的栋梁！

孙中山早就说过："质有愚智，非学无以别其才；才有全偏，非学无以成其用。有学校以陶冶之，则智者进焉，愚者止焉，偏才者专焉，全才者普焉。"如今看来，此话好像是针对曾家岩小学讲的，也许是当年对明诚学校讲的。百年来，曾家岩小学，不就是按照这样的准则，脚踏实地地走在把智者、愚者都培养成才的大道上吗？

撰稿人：邓红洁、郭英、周琳玲

46.
阅读启智更聪慧

"老师，我要当老虎。"

"不要他当，我个子大，当老虎最好。"

王渝梅老师讲完《狐假虎威》，提出要学生表演一次，大家很高兴，争着要表演狐假虎威的"现实版"。

叶圣陶曾说过："要养成一种阅读习惯，必须经过反复的历程，必须在课本以外再看其他的书，越多越好。"这段话清楚表明，要培养学生的阅读能力，特别是养成好的阅读习惯，只靠课堂上的45分钟是不行的，必须加强课外阅读。

怎么加强？

从兴趣入手。

兴趣是人认识某种事物或从事某种活动的心理倾向，它是以认识和探索外界事物的需要为基础的，是推动人认识事物、探索真理的重要动机。兴趣有直接的，也有间接的，获得知识的兴趣是直接的，为了获得知识而学外语的兴趣则是间接的。兴趣有个体在生活中长期形成的，也有在一定的情景下由某一事物偶然激发出来的。兴趣可以让一个人平淡的生活不再单调，可以让一个人变得与众不同，甚至可以让一个人因此成就一番事业。

小学生的课外阅读兴趣，是小学生课外阅读动机中最为积极、最为活跃的成分，也是推动小学生课外阅读的直接动力。它表现为好奇、求知、探究、操作、掌握、运用等。瑞士著名教育家、心理学家皮亚杰曾指出："所有智力方面的工作都要依赖于兴趣。"这就说明了"兴趣"在教育教学中的巨大作用。

兴趣是学习的先导，是需求的动力，只有找到并正确运用激发小学生课外阅读兴趣的方法，小学生才会将老师的"要我读"转化为"我要读"。

在教学中，王老师体会到有的小学生虽然不愿读书，却愿听故事。他们能从讲者绘声绘色的讲述中了解情节，认识人物的个性，知道事物的善恶，对所听的故事留下深刻的印象，对未讲的故事或未讲完的故事产生强烈的好奇心，会有再听的欲望。这比照本宣科强多了。于是，王老师抓住学生这一心理特点，通过讲故事引导学生自己去看书，引发学生的好奇心，再推荐适合的书目，然后开故事会，由教师或学生来讲，因势利导地把讲故事的活动转移到读书上，从而使学生对阅读产生兴趣。

有许多适合小学生阅读的课内外读物，还具有小学生表演的故事情节。这些故事情节生动，趣味性强，学生也愿意去演。

这不，《狐假虎威》就很适合表演。王老师选定了扮演狐狸和老虎的人选，先教他们进行表演。学生看后，兴趣盎然。此时，王老师趁热打铁说："我们班要搞一个表演比赛，以寓言故事为表演内容。你们愿不愿意参加呀？"

"愿意！"全班学生齐声回答。

在王老师的精心安排、指导下，全班学生利用课余时间，阅读了许多寓言故事，表演比赛举办得很成功。通过表演比赛，激发了学生的阅读兴趣。王老师还把知识竞赛、办班级小报、信息交流会等活动与阅读挂钩，让学生阅读更多的适龄课外书。

曾家岩小学良好的教学环境，充分激发了学生的阅读兴趣。

学校在"橱窗"中展示了学生的手抄报、读书心得，还进行评比。这就激励了学生的上进心。为了办好手抄报，写好读书心得，每个学生就要进行大量的课外阅读，积极主动地去收集处理信息。学校还为学生订阅了《教育周刊》《小学生月刊》《小学生生活》等报刊；报架也定期更换报刊，充分发挥了报刊的最大效益。学校的"红领巾广播站"专门开辟了佳作赏析节目，并向同学们推荐优秀的图书……学校弥漫着浓郁的"书香""墨味"，营造了一个充满人文气息的环境，潜移默化地激发了小学生的课外阅读兴趣。

在这个氛围中，王老师巧妙地把课内所学之法运用于课外阅读，让学生从广泛的课外阅读中增长知识、见闻，从而形成一个阅读之网。

学生阅读得最多的就是课本，而课本的有些内容是从名著名篇中选出来的。如《草船借箭》选自《三国演义》，在教了这篇课文后，王老师向学生介绍了三国的形成、对峙、衰败的历史，还介绍了一些突出人物的特点。没料到，这一介绍激发了学生的求知欲，课本上那篇《草船借箭》已远远不能满足他们了。下课后，不少学生争看《三国演义》，课余时间还互相交流读书心得，有的还争得面红耳赤。

王老师抓住这一机会，继续开拓，只要学完一个作家所写的某篇文章，就立即向学生推荐这位作家所写的有关书籍，既达到加深他们的认识，又扩大其阅读面。如教学了老舍先生的《林海》后，就让学生去读他写的《养花》等。

这还不够，王老师还要落实检查，深化课外阅读，使之常态化。实践证明，只有通过检查，不断地改进课外阅读中存在的问题，学生的阅读才能有所收获。同时，实行家校互动：学生的课外阅读一般都在家中进行，争取家长配合，督促检查子女的阅读，非常必要。为此，王渝梅老师专门设置了一张表格，请家长填写。还建立了读书报告制度。每天抽5分钟，安排一个同学讲述自己阅读中的收获、体会，其余同学评议。此乃一举两得，不但矫正学生课外阅读中的不足之处，还能借同学的口，开拓其余学生的视野，弥补一些同学阅读体会的欠缺。为了让阅读不走形式，最后，王老师还定期检查读书笔记。通过定期检查展评读书笔记，能让老师了解学生阅读书籍的内容、种类、数量，及时指出学生笔记的优缺点，明确努力方向。

"课外阅读"研究（《风娃娃》）

多年以来，曾家岩小学从校长到老师，从低年级学生到高年级学生都形成了阅读的习惯，校园里到处都可以看见手不释卷的师生。浓浓的阅读气氛还感染着一年一年的后来者。由此，阅读让学生开阔了眼界，放开了思维。

有教师在教学《风娃娃》时，启

发学生思考：如果你看到风娃娃只凭力气，不动脑筋做了这些错事，会怎样责备它？一位学生发言出人意料："老师，我不想责备风娃娃，我要跟它讲道理。"

在教学《乌鸦喝水》时，大家都说乌鸦很聪明，能够想出喝到水的办法。有个学生却反驳道："乌鸦不聪明，它将小石子一粒一粒地叼进瓶中，多累呀！不知

"课外阅读"研究（《乌鸦喝水》）

道什么时候才能喝到水。如果我是乌鸦，我就找动物朋友帮忙。"……

是阅读使学生增加了知识，头脑里多了思考、多了为什么，因此打破了传统的一以贯之的定向思维模式，从另外的角度去看待、分析事物。这是一种超越，是真正意义的创新思维。

阅读教学不仅是让学生解读文本，而且要让他们实现自我认知，在受到情感熏陶、思想启迪、审美乐趣、文化积淀、语言发展的同时，达到对文本给定的固有模式的超越，在历史与现实的沟通中，在文本立意和内容的视角转换中读出新意，读出有创意的感悟。这样的学生才是国家需要的未来人才。

对任何一篇文章，读者的感悟体验只有根植于文本，才能超越文本，然后做出个性化的解读。因此，有效的个性化阅读教学应该是在教师的精心指导下，学生对作者所提出的主题思想或文本所寄寓的价值观做出自己独特的解读。一次，老师讲完《将相和》后提问："同学们，你们喜欢课文中的谁？为什么？"

绝大多数学生表示喜欢蔺相如的机智勇敢，老师进一步启发还喜欢谁？又有几位学生说喜欢廉颇，老师满意地点点头。正准备结束讲课时，突然有一位学生举手了。老师表示意见相同的就不用重复了，但这位学生仍把手举得高高的。老师只好让他发言。

"课外阅读"研究 (《将相和》)

他说："我喜欢赵王，蔺相如本来是一位官职卑微的小官，赵王看他有才华，就大胆地使用他。秦国本来是虎狼之国，在赵王与秦王面对面斗争时，蔺相如都挺身而出，战胜强大骄横的秦王，维护了赵国的尊严。每次斗争胜利后，赵王就破格提拔他，所以蔺相如职位比廉颇还高。我就喜欢赵王敢于大胆使用人这一点。"

试想，如果这个学生没有对文本的充分感悟，能提出这么一个有理有据的独特看法吗？

他的发言语惊四座，连老师都没有料到。一年又一年，在对《将相和》的解读中，还从来没有过这样的理解和解读啊！

这就是阅读给学生带来的不可估量的价值！

阅读恒久远，从小学养成的阅读习惯，将会影响学生的一生，其意义深远。

撰稿：邓红洁、王渝梅、王颖、朱敏、周宇璐

47.
让学生有出错的权利

人的一生，谁都难免犯错误。

学生在学习上、作业上、回答问题上，更是错误难免。唯有出现错误，教师才会发现问题、难点，从而才好纠正，引导学生正确理解，巩固已学的知识，开始新知识的学习。

犹若永远屹立的大坝，经过这样的层层打夯，学生的知识就会越来越牢固。

杜辉老师在数学教学中，体会尤甚："学生在知识理解方面出现的错误，具体表现为本身知道，但表达不清造成错误，或者一知半解，抑或根本不懂。学生的这些错误一直是每一个老师，特别是数学老师最头痛的问题。它甚至反复出现，贯穿于整个学习过程中。"

回望过去，或者放眼全国，不少学校都有一些这样的教师。他们尽管发现或意识到了学生的错误，但往往越俎代庖，自己下定论，不给学生预留思考的空间；有的甚至把错误答案直接驳回；更有甚者，把学生毫不客气地训斥一顿。

这样的结果是，小学生的错误可能不但不会减少，反而会增加，直接影响其后面的学习。久而之，学生在这种错误面前就会产生胆怯、退缩的心理，对教师也产生了恐惧感和距离感，面对上课中提的问题，也不敢回答了。最后，渐渐地对学习失去了兴趣，失去解决问题的自信心，进而产生厌学情绪。

课堂指导

曾家岩小学的老师不是这样，他们始终牢记一位教育家的话："教室就是让学生出错的地方。"

这个学校，从校长到老师，都一直认为，犯错是每个学生的权利，错误不过是学生在学习过程中所做的某种尝试，是他们最朴实的思想、最真实的暴露，是非常正常的。教师应更多地关注学生的情感体验，正确引导他们对错误的分析评价，让学生在错误中不断修正，逐渐领略到成功的体验，实现学生由"失败者"向成功者的转变。

和其他老师一样，杜老师认为错误是一种教学资源，只要合理利用，就能较好地促进学生情感的发展，对激发学生的学习兴趣，唤起学生的求知欲具有特殊的作用。当学生在课堂上出现错误或产生问题时，作为数学教师，要本着以人为本的教育观，交还学生出错的权利，尊重、理解、宽容出错的学生，不斥责、挖苦学生。让学生坦诚自己的想法，耐心倾听他们的表述，不轻易否定学生的答案，错了允许重答，答得不完整允许再想，不同的意见还允许争论。这样既尊重了他们的人格，又保护了他们的学习积极性。同时，要关注学生的感受，解除学生对错误的恐惧心，有时一些幽默的语言或一个鼓励的微笑，会化解学生受挫后尴尬和难堪的心理。

在平常的教学中，杜老师不仅宽容错误，还要挖掘利用好学生的错误资源。

在讲五年级的数学"有余数的小数除法"时，学生在练习中经常会出现这样的错误：$0.97 \div 0.16 = 6 \cdots\cdots 1$。杜老师明白，这一错误主要是学生受根据商不变的规律的影响而出现的。

针对这一典型的错误，在课前教师就做好了预设：引导学生用反证法来发现余数是错误的。在课堂教学时，杜老师指着黑板上的这个算式，说："你们观察余数，说说有什么发现？"

教室里静默了一会儿，有学生举手发言："杜老师，余数 1 比除数 0.16 大，说明余数 1 是错的。"

杜老师没有予以回答，只是微笑着看了看他，然后看着其他同学问："还有没有其他发现？"

一会儿，另一个同学说："余数 1 比被除数 0.97 大，说明余数 1 也是错的。"

"他俩都善于思考，"杜老师说，"同学们，你们用乘法验算一下，看结果如何？"

大家立即拿起笔在草稿纸上运算起来。不到一分钟，大家都发现 6 乘以 0.16 加上 1 不等于 0.97，说明余数 1 是错的。在此基础上，杜老师继续引导学生："你们思考余数应该是多少？怎样才能正确地求到余数？"……

有了这种预设，整个课堂教学都在教师的精心准备、组织下，有目的、有计划地进行着。杜老师用这个错误资源让学生经历了用反证法验证的探究活动。通过反证法的训练，让学生排除思维定式的干扰，从而强化思维的批判性，开拓学生思维的广阔性、敏捷性。

学生对数学知识的理解常常会遇到一些常见的、易犯的错误。这些情况，教师通过认真钻研教材，根据学生发生错误的规律，凭借教学经验和学生认知特点，可以预测学生学习某知识时可能发生哪些错误，可能出现的种种问题。事先就给予充分估计，设计好应对措施。在课堂教学中根据预设，运用形形色色的错误应对策略，让学生在思索、讨论中展现多姿多彩的课堂。

当然，课堂教学是一个动态的、变化生成的过程，有些突然出现的问题是无法预设的。在师生、生生交流互动时，随时都可能发生出乎教师意料的错误的学情信息。曾家岩小学的老师不仅会预设错误，还能独具慧眼，善于及时捕捉稍纵即逝的错误，把它转化为教学资源，并巧妙运用于教学活动中。

对于这些生成的错误资源，教师机智地进行判断、筛选、提炼，并创设一个宽松和谐的课堂氛围，使师生之间、学生之间展开多向互动。在互动中完成对新知识的意义建构，使课堂充满生机勃勃的活力。

教学平行四边形的面积计算公式时，杜老师在黑板上画了一个平行四边形，对全体同学说："这是个平行四边形，大家想一想，怎么计算它的面积？或者说，生活中，你面前有一个平行四边形，要知道它的面积是多少，你会怎么计算出来？"

大家静思默想了一阵，有个学生说："平行四边形容易变形，可以转化成长方形，而长方形的面积是用长乘宽来计算的。"

"对头，"另一个学生附和道，"平行四边形就是长方形的长和宽左右摆动而成的，所以它的面积也就是用相邻两条边相乘来计算。"

杜老师看了一眼课堂上的学生，有的不吭气，有的露出疑惑的眼神。很显然，这两个学生的猜测是以自己已有的知识经验为基础的，即受到学过的长方形面积计算公式的影响。

面对这样的错误，杜老师把它看作一种可生成的动态资源，于是抛出这样的疑问："同学们，那么长方形两条边若长度不改变，两条边无论怎样摆动它的面积大小都不变吗？"

这个问题一抛出，安静的教室开始热闹起来，学生自发地进行讨论交流，有的在直观判断，有的用 4 支笔围成的图形做素材进行实验操作证明。见此情景，杜老师又引导学生用一个活动的平行四边形进行演示，把平行四边形拉得几乎重合时，使学生清楚地看到了如下情况：平行四边形的相邻两条边没变，照理乘积应该不变，可面积却越来越小了。

这是为什么？

全体学生面面相觑，包括那两个相信长宽相乘就是其面积的学生。

动态生成的课堂，学情灵活多变。善于捕捉课堂中各种资源，是探究性课堂互动生成的先决条件。

很多时候，那些"美丽"的错误犹如催化剂一样，能更好地切入课堂。当学生在学习过程中出现错误时，老师不应当仅仅否定，更不能直截了当地"告诉"，而是应该分析学生出现错误的原因，做出适当的指导。很好地利用课堂中的突发性错误，化弊为利，让错误成为学生思维的起点，给予学生充分的时间，让他们亲历整个纠错的过程，使之积极思考，主动去探究新的知识。

这堂课，将使那两个回答像计算长方形面积那样来计算的学生，以及更多的学生没有发言，但有同样思维的学生印象深刻，从而会牢牢记住平行四边形的面积计算公式。

荷兰著名学者弗赖登塔尔说过："反思是数学的重要活动，是数学活动的核心和动力。"

在教学中，学生的错误不可能单独依靠正面示范和反复练习得以纠正，必须有一个"自我否定"的过程，而"自我否定"又以自我反思为前提。利用学习的错误，及时引发观念冲突，促使学生对已完成的思维过程进行周密且有批判性的再思考，以求得新的深入认识。

数学老师经常引导学生对自己学习中的不足、练习中的错误进行反思，让学生写数学日记、错题库。目的是让学生在纠错的同时也对自己的错误有更为深刻的反思，认识透彻，加深印象，帮助学生养成及时发现并纠正错误的良好习惯。日积月累，逐步培养起学生独立思考、善于提出疑问、解决问题的能力。

曾家岩小学教师的这种教学方法，不仅有利于问题的解决，更有利于学生的反思，在学习中不断成长。

撰稿：李开云、杜辉

48.
用美陶冶情操

美能磨炼人性，陶冶性情。

一个人如果从童年时期就受到美的教育，将会养成好习惯和性格。苏霍姆林斯基说："我们发展学生在艺术创作方面的才能，其目的并不是要把音乐或绘画作为他们未来的职业（那是专门学校的任务）。我们的职责是，全面地发展每一个学生的个性，发现他的禀赋，形成对艺术创作的才能，以便使他享有一种多方面的完满的精神生活。"

美育，就是培养学生认识美、爱好美和创造美的能力的教育，让学生通过绘画、音乐、舞蹈、器乐、影视作品、文学作品等，潜移默化地感受中国的历史观、国家观、民族观、文化观等中国精神，凝聚成中国力量。

长期以来，曾家岩小学都重视美育，使之丰富学校的文化精神生活，激起学生的情绪体验，广泛而深入地影响学生的情感、想象、思想、意志和性格，从而有助于培养学生的高尚情操，提高学生的审美和人文素养。

陶冶

教室里，全班学生屏息静气，所有的目光都盯着讲台上杨利华老师的动作。

这堂课是《劳动最光荣》。

杨老师讲了几句话后，就展开了法国著名的现实主义画家米勒于 1857 年创作的作品——油画《拾穗者》。大多数学生的脸上都显出不解的神色，个别的似乎看出了什么，双眼亮晶晶的。杨老师觉得效果达到了，于是，开始了讲解："同学们，这是一幅世界名画，描绘的是法国秋天收获麦子的季节。画家以农场场景为背景，以三名正弯着腰捡拾遗落在地上的麦穗的农妇为主要描绘对象。表面上看去，是一幅以农民和农村生活为题材的油画，其实，这是幅题材新颖，发人深省的杰作。它给全世界一代又一代的读者带来一种不同寻常的庄严感……"

同学们静静地倾听着，仿佛被杨老师带入了画中的场景。杨老师看了看全班学生的神态，问道："看到拾穗者的动作，你们有什么感觉、体会？"

好几个学生异口同声地回答："感觉很辛苦，但劳动很光荣。"

杨老师趁机让学生畅谈自己在田园劳动的乐趣和收获的幸福，让学生感受劳动的伟大，学会珍惜劳动成果，爱惜粮食，从小热爱劳动。等同学们说完，杨老师说道："这幅画的生命就在于真实，米勒在画中采用了简洁手法，表现了丰富的内涵。他的思想观点都通过真实的形象和场面自然地流露了出来，创造了一类无与伦比的农民典型。这些农民具有一种朴实、善良、憨厚和稚拙的美，永远散发着泥土的气息。"

当学生们陷入沉思，或小声地议论时，杨老师及时收起《拾穗者》，又展开了一幅——中国画家罗中立的《父亲》，让学生欣赏画中"父亲"那端着碗的青筋凸显的手，满是皱纹的脸，从而感受劳动的艰辛……把全班学生带进了深深的思索中。

讲解后，杨老师立即一边展示各行各业的人们劳动情景的图片，一边说："同学们，劳动最光荣，是劳动创造了世界，推动世界不断发展，但是，请你们看看这些图片，看看推动世界发展的各行各业的劳动者。从另一个层面来说，劳动也是艰辛的。大家设身处地地想一想，每天，你们的父母尽管工作不同，但都要早出晚归，有的甚至还要加班加点，有的要上夜班。比如我们天天有不少同学都坐公共汽车，但开车的司机叔叔阿姨们，有的上早班，早上三四点钟就要起床；有的上晚班，半夜才能回到家里。"看见说到了学生们的心里，杨老师随即说道："你们的父母工作艰辛，回家后，做完作业，要主动帮助爸妈干家务。不要以为家长、老师叫你们劳动，就不高兴，不愉快。刚才大家看了《拾穗者》，都说劳动最光荣哟！"

"要得！"学生们脆生生地回答，脸上洋溢着笑意。

没有绘画、雕塑、音乐、舞蹈、诗歌、戏剧以及各种自然美所引起的情感，人生的乐趣便失去了一半，就会给各种疾病的入侵打开门户。当一个人处于不开心的时候，听音乐，欣赏美术作品，到大自然中去欣赏美景，受到美的熏陶，心情就会好起来。

和曾家岩小学的其他老师一样，杨利华也深深理解这一点，总是在课堂上给学生讲解、灌输美育知识。在教一年级学生了解民间玩具，教六年级学生了解民间剪纸时，让学生从了解各民族艺术文化入手，从而知道了老百姓虽然生活清苦，劳作艰辛，但他们总是充满希望地奋斗，总是以善良、乐观和热情、积极的心态、行为去面对生活，劳动之余，将生活中观察到的美景作成剪纸贴在窗上，美化环境；利用废旧材料做成民间玩具给孩子玩，给孩子以美的享受。

这是《巨匠童心》课。杨老师首先展示了 20 世纪绘画大师齐白石的山水、花鸟画作。齐白石热爱大自然，喜欢观察自然中的花鸟虫鱼、一草一木，对生活充满热爱，然后倾注于笔端。他的画让观者感到生命的欢乐和诗意，油然而生热爱大自然、热爱生命之情。通过学习，学生不仅喜欢绘画，更喜欢到大自然中去寻找乐趣，去发现美，创造美。有的学生说："老师，你也带我们到大自然去，去观察，去画画嘛。"

"你们每天往返于家到学校，就是在大自然中。周末，你们还可以去公园、去青山绿水的地方，观察自然、了解自然，用你们的笔将它们描摹出来。不管画得如何，只要能代表你们对大自然的认识、了解，就好啦。"

描绘自己的家园、生活的环境则是引导学生对家乡的热爱。在上《美丽家园》这一课时，杨老师让同学们悉心了解自己居住的地方。每一个同学生活的家园，都有着不同的特色，不一样的美丽。这是哺育他们成长的摇篮，也是一个浓缩的小社会，因此，要对家园的一草一木、一事一物予以关爱和了解。

在教学绘画的过程中，杨老师就耐心地引导学生张开发现的慧眼，善于捕捉身边发生的有意义的事，强调对生活的观察，诱发他们对自己家园的淳朴情感，培养健康向上的品德，避免不好的攀比享乐思想。同时，勉励学生要关心和帮助家园里需要帮助的人，关注环境，热爱生活，树立良好的公民道德意识，培养健康向上的美好心灵。

一堂关于家园的美术绘画课，成为激发学生热爱家园、关爱家园的思想品德课，成了学生描绘自己居住的美丽家园的比赛课。居住在不同的小区——家园的学生经过这次美术绘画，对自己的家园有了新的认识，心灵也获得了一次净化、提升。

艺术本身能够陶冶学生情操，肩负着培养良好的道德观念，成就健康和谐的美好心灵的责任。绘画美术作品的过程，从某种意义上说，就是调节学生心理平衡的过程。画一幅成功的美术作品，作者必然全身心地投入，因而在绘画中就可以让自身的心灵受到熏陶。学生会在自己一步步创造的理想世界中感受到新鲜和神奇，由此，润物细无声地陶冶和滋润作者的心灵。这是上天对于热爱艺术的人的厚爱。

杨老师在指导学生创作科幻画时，有意让学生讨论，并提示学生："你生活中有什么烦恼？怎样以科学的方法解决问题？"

学生七嘴八舌地说：

"生活中的环境污染。"

"城市堵车严重，人们出行不便，浪费个人时间和石油资源，造成资源浪费。"

"有些地方砍伐树木严重。"

"沙漠化、泥石流、地震、疾病、战争给我们人类带来灾难。"……

听完大家的发言后，杨老师反问："同学们，这些烦恼，每个人想一想，你打算怎么解决？"

课堂一时陷入了沉默。

"同学们，打开你们幻想的闸门，"杨老师启发道，"现在，拿起你们的画笔，用科幻画来表达自己的想法。每个同学想的什么，就画什么。"

整个教室热闹起来。学生们在科学知识的基础上，通过科学的想象，各抒己见，运用绘画语言创造性地表达出自己对宇宙万物、未来人类生活、社会发展、科学技术……的遐想而产生出来的绘画作品。一张张科幻画真实地反映了每个学生对美好生活的追求。

这是对周围世界面向未来最直接、最朴素、最深刻的一种感受、一种反映、一种美好的希冀。

科幻画创作树立起学生热爱科学，相信通过科学技术能够解决人类的烦恼，同时对培养少年儿童的科学想象力、创新意识和探究性学习的能力，具有十分重要的意义。

在曾家岩小学，岂止科幻画，又岂止艺术教育！

如同所有小学一样，曾家岩小学的学生也有音乐课，但这远不够。学校专门成立了天使童声合唱团，分为合唱 A 团与合唱 B 团两个梯队。这是一支朝着专业方向训练的童声合唱团，每周按时排练两次，一次课时为 1.5 小时，运用柯达伊、奥尔夫、达尔克罗兹教育方法训练学生的识谱、节奏、速度、和声、音准、视唱、调性感以及歌唱的状态等。课程训练包含发声练习、乐理、视唱练耳、歌曲排练等。

一天，练耳开始了，还有同学在小声说话。老师没有批评，只是看着其中一个同学，轻声问道："我们为什么要学习合唱？"

其他同学在一边小声议论着，这个同学低着头想了一会儿，抬起头，望着老师，回答道："合唱艺术是一个做人的艺术，我们需要在这个过程中学会安静、聆听、尊重、服从、配合、谦让等。"

"回答正确，但理解了就要运用。"老师说完，"现在开始……"

排练多声部合唱时，一个男声飚得很高。老师听出了是谁的声音。一曲合唱完后，笑着问那位男同学："我们都在合唱团不少时间了，请你告诉我，什么是合唱？"

那男同学流利地回答："合唱是音乐艺术，是严格的时间艺术，是多人、多声部、在演唱中以享受声部之间变化配合为乐趣的一种艺术形式。合唱讲究的就是配合。"

老师看着大家问道："他回答怎么样？"

"好！"大家齐声回答。

"对，回答很好。合唱讲究的就是配合，"老师有些严肃地说，"刚才你就没有配合好，把声音飚高了，知道吗？今后，大家一定要注意配合，否则一个人的声音与众不同，就会影响整个合唱！"

合唱社团以"爱"为宗旨，在合唱训练中，让团员们学会倾听、合作、互相帮助。建团以来，除了训练团员们的专业外，还培养他们的自我管理能力、感知力与专注力，以合唱训练为手段培育他们做人、做事。合唱团演唱中文、英文、意大利文、拉丁文等多种语言的合唱作品，还演唱不同时期、不同风格的音乐作品，如巴洛克时期、古典主义时期、浪漫主义时期和近现代的合唱作品。

经过长期的排练，不懈的努力，曾家岩小学天使童声合唱团在重庆市渝中区崭露头角：2017 年 12 月参加渝中区第三届"两江之声"合唱艺术节荣获三等奖，2018 年 7 月参加第五届新加坡国际合唱节荣获 A1 组金奖，2018 年参加渝中区中小学生艺术展演活动合唱类视频展评荣获一等奖，2018 年 11 月参加重庆市第八届中小学生艺术展演活动荣获艺术表演类合唱小学甲组一等奖，2018 年 11 月参加第九届"中华文化小大使"文化艺术展示活动荣获五岳奖。

音乐与合唱让学生逐渐具有了现代社会高素质的基本要求：能够安静并懂得倾听；易于合作的同时能自觉服从领导和既定的规则；自信、自尊又懂得尊重他人；得到美好的东西乐于与他人分享；有较高的自律、理解、沟通和承受能力。

学校不仅有合唱团，还有舞蹈团。一个时期，舞蹈在小学处于弱项，曾家岩小学决定奋力一搏，成立学生舞蹈社团，聘请舞蹈专业教师，提供专业舞蹈场地，走出自己的路。听说这个消息后，学生踊跃报名。经过考核，在 1—3 年级各个班里，挑选出 25 名基础较好的学生成为首批舞蹈团成员。

情操（合唱新加坡比赛）

每周两小时的训练，让学生掌握较广泛的舞蹈知识，并兼备音乐与舞蹈的艺术表现力，使学生具有较规范、扎实的基本功及技术技巧，在音乐舞蹈中表现美、感受美。

情操（舞蹈队 练基本功）

"娇娇，你的韧带是不是被拉伤了？"老师看见她脸上显出痛苦的表情，关切地问道，"要不，你休息一会儿吧。"

她看了看左右的同学们——她们在老师的指导下练得正起劲儿，她咬了一下嘴唇，说："老师，没有。你继续教我吧。"

刚排练时，舞蹈动作不协调，特别是个别基础条件稍差的，还要承受着拉伸韧带的痛苦。她们从不请假，坚持上课，而且放弃自己的午休时间，在操场上，在教室里，在舞台上，一遍一遍地练习各个动作。排练的过程很艰辛，有个别学生尽管非常认真地练习，但时常感到心有余而力不足，又累又痛地排练下来，效果却不如其他同学，私下流露出要退团的想法。要好的同伴知道了，就劝道："几个月的相处，我们都舍不得你。你的外形条件这么好，离开了好可惜！你已经有了好的基础，我们陪你多练习。老师说，坚持就是胜利哟。"

"好嘛，你们的腿都抬得比我高，有时间，你就教我哈。"

每天，在课间前，经常都能听到团员们互相鼓励的声音，开心地分享交流获取的快乐和经验，还比拼着谁的腿抬得最高，谁会的技巧最多……

舞蹈社团丰富了学生的课余文化生活，缓解了紧张的学习气氛，又为学生全面发展、展现自我才华提供了一个良好的平台。团员中不少是刚接触舞蹈，对舞蹈的协调能力和对音乐的感受能力都处于逐步学习阶段，由于大家坚定信念，认真排练，深修内功，在渝中区艺术节舞蹈比赛中，夺取了"渝中区第十一届小学艺术舞蹈比赛"二等奖。

一个新成立的社团，首战就为学校抱回荣誉，为曾家岩小学增添了光彩。

"当当当……"下课了。各年级的同学们立刻涌出教室，奔向各自班级的站位地址——做课间操了。

王红飚、江源两位老师身着武术服，站在最前面，面向整齐站立的一排排学生们。他俩要在队列前做武术操的示范，让本来已经学会的这些同学中的个别同学跟着做。

陶冶

随着音乐响起，他俩转过身，背向着全体同学，和大家一起，一招一式，开始做武术操。

我国是习武的大国，武术是古代军事战争中一种传承的技术。中国传统武术伴随着中国历史与文明发展，走过了几千年的风雨历程。为弘扬武术文化，丰富学生校园生活，早在十多年前，曾家岩小学就成立了武术社团。如今更是响应国家号召，大力支持武术运动在全国的普及，落实了武术进校园的既定方针。王红飚和江源老师为主教练，在学校开设武术特色课程，一年又一年，遴选出优秀的队员参加渝中区、重庆市的有关比赛，荣获了不菲的成绩。曾家岩小学已成为渝中区武术特色小学。

两位老师在教学中，特别注重培养学生的组织能力、创新能力和吃苦耐劳的品质、团结互助的集体主义精神，以促进少儿身心全面发展，健康成长，为将来适应社会打下良好的基础。武术社团以教授学生各类传统拳术为主，如五步拳、八极拳、查拳、太极拳等。对于低年级学生，在初始阶段，以打基础为主，通过武术增强体魄，同时学习基本的礼仪，注重武德修养，培养学生对武术的喜爱；中高年级的学生在练习套路的同时，还学习一些武术动作的基本应用，掌握基本的防身技能。社团还不时通过口述、视频播放等方式讲授武术的历史与发展，向学生展现武术的魅力。

从学校层面看，武术社团仍然不能带动全校学生学习武术。校领导确定在全校推广武术运动，由这两位老师牵头，学习借鉴，集体献计献策，根据小学生的适龄特点，编排了建校以来的第一套武术操，作为学生的课间操，以增强学生身体素质，提高运动水平。

每天，即使不做课间操，在课余休息，在上下学的时间，都能看见一些同学在操场、在宽阔的道路，下意识地做武术操的一些动作。

武术运动已在嘉陵江边的这所学校落地生根了。

"热烈祝贺曾家岩小学获得两个一等奖、一个二等奖！"

"哎呀，你们太牛了，把好奖都拿了！"

友邻学校的人纷纷向曾家岩小学祝贺。

这是2018年首届"'重庆艺术大市场·开放的六月'少儿绘画作品展"艺术盛典活动颁奖的情景。

本次活动是在市委宣传部、市文化委的指导下，由重庆市文联、四川美术学院、重庆市文化产业投资集团联合举办的。曾家岩小学四年级二班殷绍璧、五年级一班何紫洋双双获得一等奖，三年级二班程晓娇获得二等奖，引来不少同行的祝贺和羡慕。

有了前面所述的美育教育和各类学生社团，曾家岩小学还不满足。经过多方考察，又选定少儿版画为学校特色专业课程，聘请了美院专业教师，于2017年9月，正式成立了曾家岩小学版画社团，走在了全区所有小学的前面。

版画社团成立后，学校定位为一级社团，每周一次课，一次两个小时。社团设置专业课程，名额有限，必须因材施教，让各个成员充分发挥自己的潜能和个人爱好。经全校考试后，在3—5年级里选拔出25名同学成为版画社团的首批成员。

版画形式多变，材料更是繁多。第一学期，学生初步接触版画，教学内容为学习鞋油版画与粉印版画，以古镇、人物、风景与青铜器为主。尽管是新的艺术形式，但同学们接受能力强，高年级同学作品优异，低年级同学，在学习过程中的表现也毫不逊色，展现出积极向上的精神与艺术天分，社团的不少优秀作品都出自低年级同学。他们吃苦耐劳，有时习作下来，一个个像小花猫一样，但从不觉得脏和累，还不停地向老师问这问那，渴望尽快长进。有时，老师爱护地说："今天，你们都搞得太辛苦啦，休息吧，明天再搞哈。"

有的同学就笑着说："老师，我们不累，要继续把这点儿搞完。你有事，就先走吧。"

经过一学期的学习，版画社团分为了两个班：由拔尖的 10 名同学组成 A 班，由年纪较小的 15 名同学组成 B 班，学习较为基础的绘画内容，为 A 班输送人才。一年的时间匆匆而过，社团的每个成员都成长迅速，表现优异。学生在接触了粉印版画、铜版纸凹版、综合拼贴版画等基础形式后，老师的教学也更加多元化，开始了木刻与套色胶版的学习。

如对待其他社团一样，学校领导大力支持，在新大楼里为版画社团建立了版画室，搭建了更专业的平台，创造了更好的学习环境，还引进了版画机等专业设备。

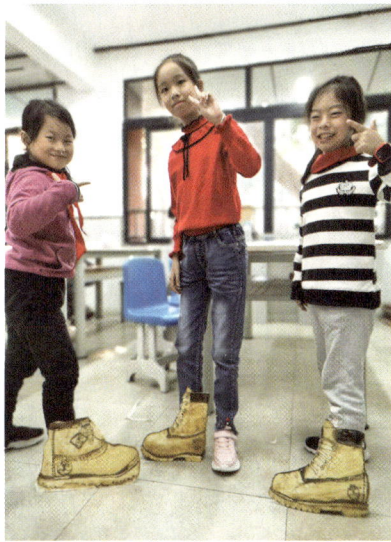

陶冶

路是人走出来的。

自有嘉陵江以来，曾家岩只是江边的崎岖山崖，和江边的无数山崖大同小异。自从百年前在这山崖中屹立起了一座学校后，这里就开拓出了通向友爱、知识之路。

如今，曾家岩小学始终坚持行走在这条路上，为一届届的小学生打下未来人生的坚实基础，让他们今后在自己希冀的路上走得踏实、走得顺利，取得优异成绩报效祖国和人民。

小学生如江河中激起的一朵朵浪花，每天都在渴望流动中快乐奔跑，积累水量、积累速度，以待自己走向开阔。

曾家岩小学开设的每门课程和社团都是这些浪花奔跑的河床，每一位老师都是掀起浪花的激点。

一程又一程，曾家岩小学浪花簇簇。

一代又一代，曾家岩小学勇往直前！

撰稿：邓红洁、杨丽华、张艺邻、刘杨、江源、吕明月